Dr. med. Thomas Ellrott
und Birgit Ellrott

Die 100 besten

SNACKS

UMSCHAU

Impressum

Gestaltung und Satz
DIVA – Die Image Verlags Agentur, Weisweil

Druck und Verarbeitung
Eurolitho, Milano

Printed in Italy

ISBN 3-86528-101-X

Besuchen Sie uns im Internet
www.umschau-buchverlag.de

Liebe Leserinnen, liebe Leser!

Snacken ist ein Trend unserer schnelllebigen Zeit: Beim Tanken mal eben einen Schokoriegel, auf dem Weg zur Arbeit schnell ein Käsebrötchen, in der Mittagspause einen Hamburger, zwischendurch noch rasch einen Fruchtjoghurt. So oder ähnlich sieht der Essalltag heute bei vielen aus. Sicher ist diese Art des Essens, die von manchen auch als *Grazing* bezeichnet wird, nicht ideal. Sie ist aber Realität, und darf man den Prognosen Glauben schenken, dann wird in der Zukunft immer mehr unterwegs und zwischendurch gegessen. Damit wird Snacken auch für Gesundheit und Figur immer wichtiger.

Ist Snacken gesund? Hier gibt es kein kategorisches Ja oder Nein. Viele Ernährungsfachgesellschaften empfehlen heute 5 kleinere Mahlzeiten am Tag, zu denen zwei Zwischenmahlzeiten (Snacks) gehören. Es gibt aber auch Experten, die das 5-Mahlzeiten-Konzept in Frage stellen, da es durch das viele Essen angeblich zu permanent hohen Insulinspiegeln kommt, die eine Gewichtsabnahme erschweren und eine Gewichtszunahme begünstigen können. Diese Experten plädieren für ein 3-Mahlzeiten-Konzept ohne Zwischenmahlzeiten.

Wahrscheinlich gibt es Menschen, die mit einem 5-Mahlzeiten-Konzept besser fahren, und solche, die mit 3 Mahlzeiten ohne Zwischenmahlzeiten besser bedient wären. Genaue Kriterien, zu welchem Typus Sie gehören, gibt es noch nicht. Zwei Fragen erlauben zumindest eine grobe Einschätzung: 1. Führen lange Esspausen bei Ihnen oft zu Heißhunger und in der Folge zum Essen großer Mengen? Wenn dies so ist, dann wären für Sie Zwischenmahlzeiten wahrscheinlich sinnvoll (5-Mahlzeiten-Konzept), um diesem Heißhunger und den daraus resultierenden „Essanfällen" vorzubeugen. 2. Essen Sie eigentlich immer zuviel? Dann sollten Sie ausprobieren, ob nicht ein Verzicht auf das Zwischendurch-Essen hilfreich ist (3-Mahlzeiten-Konzept).

Was ist überhaupt ein Snack? Ein Snack ist eine kleine Mahlzeit zwischendurch, die man ganz ohne (z.B. ein Müsliriegel, ein Hamburger) oder mit minimalem Zubereitungsaufwand (z.B. eine Tütensuppe, ein Milchkaffee) essen bzw. trinken kann. „Kleine Mahlzeit" meint eine Portionsgröße, bei der Energie- und Nährstoffgehalt einem Snack noch angemessen sind. Fast alle vorgestellten Lebensmittel enthalten daher deutlich unter 400 Kalorien.

Ob ein Snack gut schmeckt, kann jeder noch selbst beurteilen. Ob ein Snack auch vom Nährwert passt und gesundheitlich günstig ist, das hingegen kann kaum noch jemand selbst beurteilen. Hier wird Ihnen das Buch entscheidende Hilfestellung leisten. 100 wichtige Snacks wurden nach standardisierten Kriterien bewertet.

Welche der vorgestellten gesundheitlichen Bewertungskriterien für Sie am wichtigsten sind, hängt von Ihrer individuellen Situation ab. Hierzu können auch Labordaten gehören, die Ihr Hausarzt bestimmt hat (z.B. Blutzuckerspiegel, Blutfettwerte). Einige Beispiele: Übergewichtige sollten besonders den Fett- und Energiegehalt der ganzen Portion im Auge behalten, Diabetiker den Blutzuckeranstieg (*Glyx*), Menschen mit Verdauungsproblemen den Ballaststoffgehalt, Kraftsportler auch den Proteingehalt.

Wenn Sie nicht zu diesen Menschen zählen und einfach nur „gesund" auswählen wollen, dann zählen z.B. der Gehalt an Vitaminen, Mineralstoffen, Spurenelementen und sekundären Pflanzenstoffen, aber auch eventuelle prä- oder probiotische Wirkungen des Lebensmittels. Viele Details hierzu finden Sie im Kapitel *Häufige Fragen (FAQ)*.

Die vorgestellten Lebensmittel sind von den Autoren ausgewählte Beispiele aus dem Lebensmittelhandel und aus verschiedenen Fastfood-Restaurants. Natürlich gibt es auch unzählige andere Lebensmittel, die nicht im Buch vorgestellt sind, die aber ebenso gut als Snacks geeignet wären (z.B. eine kleine Portion Cornflakes mit Milch). So ist ein wichtiges Ziel des Buchs, dass Sie Bewertungskriterien anhand der hier vorgestellten Lebensmittel kennen lernen, die Sie in der Praxis dann auf beliebige Produkte selbst anwenden können. So werden Sie die Einordnung anderer Lebensmittel sehr viel leichter in Analogie vornehmen können.

Lernen Sie nun die 100 besten Snacks kennen und wählen Sie für sich den besten.

Viel Spaß beim Lesen und guten Appetit wünschen Ihnen

Ihre

J. Ott B. Elliott

Actimel ist ein Joghurtgetränk mit probiotischen Milchsäurebakterien zur Unterstützung der natürlichen Abwehrkräfte. Neben Joghurt und probiotischen Milchsäurebakterien sind noch entrahmte Milch, Zucker und Traubenzucker enthalten. Der die natürliche Abwehr unterstützende Effekt wird nur bei regelmäßigem Verzehr erzielt, z.B. eine Trinkflasche/Tag. Eine kleine Trinkflasche enthält 100 Gramm. Damit ist die Portionsgröße eher niedrig.

■ **Portionsgröße:** 1 Trinkflasche = 100 g

■ **Nährwertgehalt** pro Portion (100 g): 83 kcal, 3 g Protein, 14 g Kohlenhydrate, 2 g Fett, 0 g Ballaststoffe

■ **Vorteile:** Günstige Portionsgröße, geringer Energie- und Fettgehalt, liefert gleichzeitig etwas Flüssigkeit

■ **Nachteile:** Der probiotische Effekt wird nur durch regelmäßigen Verzehr erzielt, muss gekühlt werden

■ **Blutzuckeranstieg** nach Verzehr einer Portion (*Glyx*): ➚

Actimel 0,1 % Fett ist wie Actimel ein Joghurtgetränk mit probiotischen Milchsäurebakterien zur Unterstützung der natürlichen Abwehrkräfte. Actimel 0,1 % Fett enthält Magermilchjoghurt statt Vollmilchjoghurt und Süßstoffe statt Zucker. Neben probiotischen Milchsäurebakterien sind präbiotisch wirkendes Inulin und der Ballaststoff Pektin zugesetzt. Die Portionsgröße ist mit 100 Gramm eher niedrig, der Blutzuckeranstieg (*Glyx*) bei einem Gesamtkohlenhydratgehalt von nur 5 Gramm praktisch nicht messbar.

■ **Portionsgröße:** 1 Trinkflasche = 100 g

■ **Nährwertgehalt** pro Portion (100 g): 33 kcal, 3 g Protein, 5 g Kohlenhydrate, 0 g Fett, 2 g Ballaststoffe

■ **Vorteile:** Günstige Portionsgröße, sehr geringer Energie- und Fettgehalt, liefert gleichzeitig etwas Flüssigkeit, praktisch kein Blutzuckeranstieg (*Glyx*)

■ **Nachteile:** Der probiotische Effekt wird nur durch regelmäßigen Verzehr erzielt, muss gekühlt werden, Süßstoffe können einen süßen Nachgeschmack verursachen

■ **Blutzuckeranstieg** nach Verzehr einer Portion (*Glyx*): ➔

Ananas im Frischebecher

Frische Ananas ist aufwändig zuzubereiten und allein von der Menge als Snack nicht zu bewältigen. Als pfiffige Alternative kommen die Ananas-Frischeschalen von Dole in Frage. Frische Ananas in Ananassaft ohne zusätzlichen Zuckerzusatz ergibt einen Obst-Snack, dessen Energiegehalt wahrlich nicht hoch ist. Eine Schale enthält 113 Gramm und hat damit eine gute Größe für einen Snack.

- **Portionsgröße:** 1 Schale = 113 g

- **Nährwertgehalt** pro Portion (113 g): 59 kcal, 0 g Protein, 16 g Kohlenhydrate, 0 g Fett, >1 g Ballaststoffe

- **Vorteile:** Fettfreier Obst-Snack, keine Zubereitung notwendig, hoher Vitamin C-Gehalt, schmeckt besser als Dosenananas

- **Nachteile:** Muss gekühlt werden, kein Fingerfood (man braucht Gabel oder Löffel!)

- **Blutzuckeranstieg** nach Verzehr einer Portion (*Glyx*): ↗

Dass auch ganz normales Obst ein prima Snack ist, gerät ob der unzähligen neuen Kreationen der Lebensmittelindustrie schnell in Vergessenheit. Eine in vielerlei Hinsicht gute Wahl ist der Apfel. Er enthält große Mengen Vitamin C, Kalium und Ballaststoffe. So ganz erfunden ist „An Apple a day keeps the doctor away" nicht!

■ **Portionsgröße:** Unterschiedlich, je nach Größe des Apfels

■ **Nährwertgehalt** pro Portion (1 mittelgroßer Apfel = 125 g): 75 kcal, 0 g Protein, 16 g Kohlenhydrate, 1 g Fett, 3 g Ballaststoffe

■ **Vorteile:** Gibt es das ganze Jahr über, hält sich lange, viel Auswahlmöglichkeiten, billig, reich an Vitamin C, Kalium und Ballaststoffen

■ **Nachteile:** Geschälte Äpfel werden an der Luft schnell braun und unansehnlich (mit Zitrone oder Vitamin C-Pulver bestreuen)

■ **Blutzuckeranstieg** nach Verzehr einer Portion (*Glyx*): ➚

Apfelchips

In Warmluft getrocknete Apfelringe. Die haltbare Variante eines frischen Apfels. Auch die Portionsgröße ist nicht schlecht: 1 Tüte hat 50 Gramm und entspricht etwa der drei- bis vierfachen Menge frischer Äpfel (2 große Äpfel). Der Blutzuckeranstieg ist langsamer als bei anderen Trockenfrüchten, da die Aufschlüsselung der Kohlenhydrate aus getrockneten Äpfeln länger dauert.

- **Portionsgröße:** 1 Tüte = 50 g
- **Nährwertgehalt** pro Portion (50 g): 185 kcal, 1 g Protein, 45 g Kohlenhydrate, 0 g Fett, 3 g Ballaststoffe
- **Vorteile:** Viel zu Essen, hoher Gehalt an Kalium, Vitamin C und Ballaststoffen, praktisch fettfrei, aus Bio-Anbau
- **Nachteile:** Gibt es nicht überall, teuer
- **Blutzuckeranstieg** nach Verzehr einer Portion (*Glyx*): ↗

Aprikosen gehören zu den kaliumreichsten Obstsorten und so ist es verständlich, warum gerade getrocknete Aprikosen die Tabellen der kaliumreichsten Lebensmittel oft anführen. Sportler und Bergwanderer schätzen die Aprikosen daher sehr. Werden Aprikosen an der Luft getrocknet und nicht behandelt, werden sie braun. Weil viele Kunden jedoch die frische Naturfarbe der Aprikosen schätzen, wird die Bräunung beim Trocknen durch Schwefelung verhindert. Gesundheitlich sind geringe Schwefelmengen unproblematisch. Es wäre die schlechtere Alternative, aus diesen Gründen auf das Trockenobst ganz zu verzichten und „richtige" Süßigkeiten zu essen.

■ **Portionsgröße:** Unterschiedlich, Tüte meist 250 g Inhalt

■ **Nährwertgehalt** pro Portion (50 g, ca. 5 Stück): 120 kcal, 3 g Protein, 24 g Kohlenhydrate, 0 g Fett, 6 g Ballaststoffe

■ **Vorteile:** Haltbar, sehr reich an Mineralstoffen (v.a. Kalium), Vitaminen (v.a. Betacarotin, Vitamin C) und Ballaststoffen, *Glyx* niedriger als z.B. bei Rosinen, ansprechenderes Aussehen als andere Trockenobstsorten (sehen ähnlich aus wie Süßigkeiten, essen Kinder oft lieber)

■ **Nachteile:** Meist geschwefelt (sonst dunkle Farbe), teurer als andere Trockenobstsorten

■ **Blutzuckeranstieg** nach Verzehr einer Portion (*Glyx*): ↗

Babygläschen Frucht

Besser kontrollierte Lebensmittel als Babynahrung gibt es nicht. Natürlich können auch Erwachsene gern einen Fruchtsnack essen, der im Babyregal steht. Es gibt verschiedene Fruchtmischungen für verschiedene Altersstufen (je höher das angegebene Alter, desto mehr Fruchtstücke hat das Fruchtkompott). Die Gläschen haben fast alle eine günstige Portionsgröße von 190 g und enthalten etwas über 100 Kalorien aus Kohlenhydraten pro Glas.

- **Portionsgröße:** 1 Glas à 190 g
- **Nährwertgehalt** pro Portion (190 g): 116 kcal, 1 g Protein, 28 g Kohlenhydrate, 0 g Fett, 2 g Ballaststoffe
- **Vorteile:** Hervorragend kontrollierter Fruchtsnack, fettfrei
- **Nachteile:** Glasbecher, kein Fingerfood, relativ teuer
- **Blutzuckeranstieg** nach Verzehr einer Portion (*Glyx*): ↗

Bagels sind Hefekringel, die ein Loch in der Mitte haben. Die Städte Wien und Bialystok streiten um deren Erfindung. Neben dem charakteristischen Loch ist das besondere an der Bagel-Herstellung ein Tauchbad im kochenden Wasser, bevor die Bagels schließlich gebacken werden. Der Bagel-Grundteig besteht zum Großteil aus Weizenmehl, Hefe und Wasser. Er ist kohlenhydratreich und fettarm. Es gibt jedoch neben der Basisvariante (in Amerika „plain“ genannt), die aussieht wie ein helles Brötchen mit Loch, noch unzählige Abwandlungen, z.B. mit Schokolade, Röstzwiebeln, Chili, Apfel-Zimt, Kleie, Nuss, Blaubeere, Kürbis. Je nach weiteren Zutaten verändert sich auch der Nährwert.

■ **Portionsgröße:** Je nach Größe des Bagels

■ **Nährwertgehalt** pro Portion (1 mittelgroßer Bagel natur = 80 g): 157 kcal, 6 g Protein, 30 g Kohlenhydrate, 1 g Fett, 1 g Ballaststoffe

■ **Vorteile:** Saftiges Hefegebäck mit geringem Fettgehalt, viele Variationen, trendy

■ **Nachteile:** Gibt es (noch) nicht überall, fettreicher Frischkäse auf dem Bagel bringt viele zusätzliche Kalorien, bei großen Bagels auch hoher *Glyx*

■ **Blutzuckeranstieg** nach Verzehr einer Portion (*Glyx*): ↗

Balisto sind Kekse mit Vollkorn, die von einer Milchschokoladenhülle umschlossen sind. Sie sind als einzelne Keksfinger à 20 g verpackt. Durch einen Vollkornanteil im Keksrezept enthalten sie etwas mehr Ballaststoffe als normale Schokoriegel. Der Energie- und Fettgehalt pro 100 Gramm ist allerdings ähnlich hoch. Natürlich ist eine Portionsgröße von 20 Gramm weit besser als 50 Gramm oder mehr. Die einzelnen Balisto-Sorten unterscheiden sich im Nährwertgehalt nur geringfügig.

■ **Portionsgröße:** 1 Riegel = 20 g

■ **Nährwertgehalt** pro Portion (20 g): 100 kcal, 1 g Protein, 12 g Kohlenhydrate, 6 g Fett, 1 g Ballaststoffe

■ **Vorteile:** Günstige Portionsgröße, etwas höherer Ballaststoff-Anteil als klassische Schokoriegel

■ **Nachteile:** Mehrfach-Packungen können zum Weiteressen verleiten, Schokoumhüllung begünstigt Schokofinger, kein fettarmer Riegel

■ **Blutzuckeranstieg** nach Verzehr einer Portion (*Glyx*): ➚

Bananen sind kleine Energiebomben und Fitmacher. Sie stammen ursprünglich aus Asien, werden heute aber überwiegend in Mittel-und Südamerika angebaut. Bananen sind der Inbegriff für eine ideale Zwischenmahlzeit bei Ausdauerleistungen, denn sie enthalten verschiedene Zuckerarten und Stärke. Von Sportlern werden Bananen hoch geschätzt und z.B. von Triathleten und Radrennfahrer in großer Zahl gegessen. Der im Vergleich zu anderen Obstsorten hohe Kohlenhydratgehalt geht rasch als Traubenzucker ins Blut und stabilisiert die Leistung.

■ **Portionsgröße:** je nach Größe der Banane etwa 80 – 200 Gramm

■ **Nährwertgehalt** pro Portion (125 g): 110 kcal, 1 g Protein, 25 g Kohlenhydrate, 0 g Fett, 2 g Ballaststoffe

■ **Vorteile:** Gibt es fast überall, liefert schnelle Energie, reich an Kalium und Magnesium, billig, durch „Naturverpackung" ideal zum Mitnehmen

■ **Nachteile:** Wird schnell weich und braun, weniger Ballaststoffe als andere Obstsorten, relativ hoher GLYX

■ **Blutzuckeranstieg** nach Verzehr einer Portion (*Glyx*): ↗

Beliebtes Kernobst in charakteristischer Form. Verschiedene Sorten hören auf so klingende Namen wie Williams Christ, Clapps Liebling, Alexander Lukas, Gellerts Butterbirne u.a. Birnen stehen zwar im Schatten des Apfels, werden von manchen Menschen aber noch höher geschätzt. Im Gegensatz zum Apfel sind Birnen bei der Lagerung und Handhabung empfindlicher. Das mag die Dominanz des Apfels aus praktischen Gesichtspunkten heraus erklären. Vom Nährwert liegen Birnen ähnlich gut. Sie sind reich an Vitamin C, Kalium, Ballaststoffen sowie Sorbit, das den Stuhlgang fördert.

■ **Portionsgröße:** Unterschiedlich, etwa 80 - 200 g

■ **Nährwertgehalt** pro Portion (1 mittelgroße Birne = 125 g): 75 kcal, 1 g Protein, 17 g Kohlenhydrate, 0 g Fett, 4 g Ballaststoffe

■ **Vorteile:** Meist saftiger als Äpfel, feineres Aroma als Äpfel

■ **Nachteile:** Wird schnell weich und kann Schulranzen, Rucksack oder Aktenkoffer verschmutzen (Birne in Gefrierbeutel oder Dose einpacken)

■ **Blutzuckeranstieg** nach Verzehr einer Portion (*Glyx*): ➚

Getrocknete, getoastete Weißbrotscheiben in verschiedenen Geschmacksrichtungen, z.B. Paprika, Knoblauch, Zwiebel u.a. Die Würzmischungen enthalten eine gewisse Menge pflanzliches Öl, darum ist der Fettgehalt höher als bei Weißbrot. Vergleicht man Brotchips aber mit normalen Chips, dann sind sie die bessere Wahl, denn der Fettgehalt liegt ca. 50 % unter dem von klassischen Chips. Etwas unglücklicher für die Regulation der Essmenge sind da die großen Tüten, in denen Brotchips im Handel sind.

■ **Portionsgröße:** 1 Tüte enthält meist 200 g oder 250 g

■ **Nährwertgehalt** pro Portion (50 g = 1/5 Tüte): 229 kcal, 6 g Protein, 30 g Kohlenhydrate, 9 g Fett, 1 g Ballaststoffe

■ **Vorteile:** 50 % weniger Fett als Chips, lange was zu knabbern, gut zum Dippen

■ **Nachteile:** Tüten sehr groß, Gefahr des Weiteressens, wenn Tüte geöffnet wurde, Fettgehalt noch immer 15 % – 20 %

■ **Blutzuckeranstieg** nach Verzehr einer Portion (*Glyx*): ↗

Vom Namen her würde man ein sehr fettreiches Gebäck erwarten. Aber es ist genau anders herum. Butterkekse enthalten zwar Butter, aber nicht in den Mengen, wie z.B. Butter Cookies. So liegt der Fettgehalt von Butterkeksen bei 9-15 % und das ist für einen Keks wenig. Wer mag, kann auch Vollkorn-Varianten kaufen, diese enthalten deutlich mehr Mineralstoffe, Spurenelemente und Ballaststoffe. Auch der *Glyx* ist bei Vollkorn-Butterkeksen geringer. Geschmacklich kommen sie fast an die normalen Butterkekse heran.

■ **Portionsgröße:** Packungsgröße meist 200 oder 250 g, 1 Portion = 50 Gramm, teilweise auch als Mini-Packs (50 g) verfügber

■ **Nährwertgehalt** pro Portion (50 g, ca. 10 Kekse): 214 kcal, 4 g Protein, 37 g Kohlenhydrate, 6 g Fett, 1 g Ballaststoffe

■ **Vorteile:** Viel zu knabbern, relativ niedriger Fettgehalt, hoher Kohlenhydratgehalt

■ **Nachteile:** Mäßiger – schneller Anstieg des Blutzuckers (abhängig von Verzehrsmenge)

■ **Blutzuckeranstieg** nach Verzehr einer Portion (*Glyx*): ➚

Der leicht geröstete Fruchtkern des Nierenbaumes, dessen Heimat Westindien und Südamerika ist und der heute auch in Afrika angebaut wird. Cashews schmecken leicht süß und mandelartig. Der Fettgehalt ist geringer, der Kohlenhydratgehalt höher als bei den meisten anderen Nüssen. Somit liegt auch der Energiegehalt von Cashewnüssen ca. 20 % niedriger.

- **Portionsgröße:** Meist 1 Dose = 150 g
- **Nährwertgehalt** pro Portion (50 g, 1/3 Dose): 285 kcal, 9 g Protein, 15 g Kohlenhydrate, 21 g Fett, 1 g Ballaststoffe
- **Vorteile:** Günstige Fettzusammensetzung, etwas niedrigerer Fettgehalt als andere Nuss-Sorten
- **Nachteile:** Dosengröße verleitet zum Weiteressen, noch immer hoher Fett- und Energiegehalt
- **Blutzuckeranstieg** nach Verzehr einer Portion (*Glyx*): ↗

Kartoffelchips sind eine energie- und fettreiche Knabberei. Es gibt mittlerweile aber schon Varianten mit weniger Fett. Meist enthalten diese fettreduzierten Chips etwa 30 % weniger Fett als die normalen Sorten: Statt 35 % etwa 25 % Fett. Nichtsdestotrotz handelt es sich bei fettreduzierten Chips noch nicht um ein fettarmes Lebensmittel. Vor allem wenn man die großen Portionsgrößen bedenkt, kann beim Verzehr der ganzen Tüte noch immer eine große Fettmenge zusammenkommen. Durch den Fettgehalt führen Chips zu einem langsameren Blutzuckeranstieg als z.B. gebackene Kartoffeln. Deutsche Hersteller haben auf die Belastung von Chips mit Acrylamid reagiert und die Herstellung optimiert, so dass hohe Gehalte heute kein Thema mehr sein sollten.

■ **Portionsgröße:** 1 Tüte enthält meist 150 – 175 g,
eine Portion = 50 g (etwa 1/3 Tüte)

■ **Nährwertgehalt** pro Portion (50 g): 234 kcal, 3 g Protein, 31 g Kohlenhydrate, 12 g Fett, 2 g Ballaststoffe

■ **Vorteile:** Weniger Fett als klassische Chips und Erdnüsse, knackig

■ **Nachteile:** Trotz des geringeren Fettgehalts Vorsicht bei der Tütengröße (große Tüte verführt zum Leeressen), rel. hoher Salzgehalt

■ **Blutzuckeranstieg** nach Verzehr einer Portion (*Glyx*): ➚

Obst in halbwegs fester Verpackung und bereits in einzelne Stückchen vorgeteilt. Das sind Clementinen (kernlos), Mandarinen (kernreich) und Satsumas (kernlos). Sie gehören mit den kernreichen Tangerinen allesamt zu den Mandarinen. Clementinen und Co. sind ein sehr Vitamin C-reiches Winterobst.

■ **Portionsgröße:** Unterschiedlich, mittlere Größe ca. 40 g (Mandarine) und 100 Gramm (Clementine)

■ **Nährwertgehalt** pro Portion (40 g): 20 kcal, 0 g Protein, 4 g Kohlenhydrate, 0 g Fett, 1 g Ballaststoffe

■ **Vorteile:** Man hat mit Abpellen noch was zu tun, geringe Energiemenge, sehr reich an Vitamin C, durch geringen Kohlenhydratgehalt kaum messbarer Blutzuckeranstieg (aber abhängig von der Verzehrsmenge)

■ **Nachteile:** Mandarinen haben Kerne

■ **Blutzuckeranstieg** nach Verzehr einer Portion (*Glyx*): ➔ (Mandarine)

Die fruchtig-herbe Cranberry-Variante von Corny ist einer der fettärmsten Müsliriegel überhaupt. 10,3 % Fettgehalt sind weit weniger als der Durchschnitt bei Müsli-Riegeln. Folgende Hauptzutaten finden sich im Riegel: Geröstete Getreideflocken, getrocknete Cranberries und Cornflakes. 104 Kalorien sind für einen Snack eher wenig.

■ **Portionsgröße:** 1 Riegel = 25 g

■ **Nährwertgehalt** pro Portion (25 g): 104 kcal, 2 g Protein, 18 g Kohlenhydrate, 3 g Fett, 1 g Ballaststoffe

■ **Vorteile:** Günstige Portionsgröße, niedriger Fettgehalt, Cranberries sind Vitamin C-reich

■ **Nachteile:** Mehrfachverpackungen können selbst bei Müsli-Riegeln das Weiteressen begünstigen

■ **Blutzuckeranstieg** nach Verzehr einer Portion (*Glyx*): ➚

Müsli, Bananenchips, Zucker und dunkle Schokolade ergeben zusammen die beliebten Müsliriegel Schoko-Banane. Im Vergleich mit vielen reinen Schoko- oder Nussvarianten liegt diese Sorte vom Fett- und Energiegehalt etwas besser. In der Normalgröße ist auch die Portionsgröße für einen Snack zwischendurch gut geeignet.

- **Portionsgröße:** 1 Riegel = 25 g
- **Nährwertgehalt** pro Portion (23 g): 102 kcal, 2 g Protein, 16 g Kohlenhydrate, 3 g Fett, 1 g Ballaststoffe
- **Vorteile:** Günstige Portionsgröße, relativ niedriger Fettgehalt
- **Nachteile:** Schokolade im Überzug kann Schokofinger verursachen, Mehrfachpackungen können auch bei Müsliriegeln zum Weiteressen verleiten
- **Blutzuckeranstieg** nach Verzehr einer Portion (*Glyx*): ↗

Was in Frankreich mit einem Café au lait als Frühstück gilt, ist hierzulande auch ein gern gewählter Snack zwischendurch. Croissants unterscheiden sich allerdings von Bäckerei zu Bäckerei erheblich, sowohl in der Rezeptur als auch in der Portionsgröße. Wie so oft gilt auch hier die Empfehlung, eher die kleinen und mittleren Portionsgrößen zu wählen. Die Hauptzutaten von Croissants sind Mehl und Fett. Das verwendete Fett hat einen höheren Anteil an gesättigten Fettsäuren und damit keine optimale Zusammensetzung. Dennoch spricht nichts dagegen, ein Croissant als Snack zu wählen, wenn das Essen drumherum stimmt. Wegen des hohen Fettgehalts ist der Blutzuckeranstieg nur langsam bis mäßig schnell.

■ **Portionsgröße:** Je nach Größe des Croissants

■ **Nährwertgehalt** pro Portion (45 g = 1 mittelgroßes Croissant): 185 kcal, 3 g Protein, 15 g Kohlenhydrate, 12 g Fett, 1 g Ballaststoffe

■ **Vorteile:** Frisch gebackener Blätterteig ist für viele Genuss und Lebensqualität, Croissants gibt es fast überall, billig, langsamer Blutzuckeranstieg

■ **Nachteile:** Leicht zerdrückbar, hoher Fettgehalt, keine günstige Fettzusammensetzung

■ **Blutzuckeranstieg** nach Verzehr einer Portion (*Glyx*): ➚

Nicht nur das Lieblingsgericht bekannter deutscher Politiker. Die Currywurst ist bereits ein fester Bestandteil moderner deutscher Esskultur. Das wird spätestens auf einer Reise durch Berlin klar. Abgesehen von unbestreitbaren kulinarischen Attraktivitäten sieht es auf der Nährwertseite nicht ganz so rosig aus. Hoher Fettgehalt und eine Portionsgröße von 150 Gramm und mehr führen dazu, dass der „kleine Snack“ energetisch mehr als eine ausgewachsene Hauptmahlzeit ist. Und diese Rechnung ist noch ohne Pommes frites oder Brot gemacht!

■ **Portionsgröße:** Unterschiedlich, kleine Portion ca. 150 g, mittlere ca. 200 g, große Portion noch darüber

■ **Nährwertgehalt** pro Portion (150 g = kleine Portion): 396 kcal, 17 g Protein, 4 g Kohlenhydrate, 35 g Fett, 0 g Ballaststoffe

■ **Vorteile:** Hoher Proteingehalt, kein Blutzuckeranstieg, da Kohlenhydratgehalt sehr niedrig

■ **Nachteile:** Sehr hoher Fett- und Energiegehalt, wenn noch ein Brötchen oder Pommes frites dazu kommen, handelt es sich um eine Hauptmahlzeit (500 – 1000 kcal und mehr)

■ **Blutzuckeranstieg** nach Verzehr einer Portion (*Glyx*): ➔

Eine nordafrikanische Spezialität, die es heute schon in vielen Supermärkten gibt. Die Früchte der Dattelpalmen werden getrocknet und manchmal auch in Zuckersirup getaucht. Getrocknete Datteln sind reich an Kohlenhydraten, Kalium und Ballaststoffen.

■ **Portionsgröße:** Unterschiedlich, Packung meist 250 g Inhalt

■ **Nährwertgehalt** pro Portion (50 g, 1/5 Packung): 140 kcal, 1 g Protein, 33 g Kohlenhydrate, 0 g Fett, 5 g Ballaststoffe

■ **Vorteile:** Hoher Gehalt an Ballaststoffen und Mineralstoffen (v.a. Kalium)

■ **Nachteile:** Abhängig von der verzehrten Menge relativ starker Blutzucker-Anstieg (*Glyx*), klebrig (wird mit Gabel oder Holzstäbchen verzehrt)

■ **Blutzuckeranstieg** nach Verzehr einer Portion (*Glyx*): ↑

Die „wahrscheinlich längste Praline der Welt" ist seit Jahren Deutschlands meistverkaufter Schokoriegel. Duplo besteht aus mehreren dünnen Waffelschichten, Nugatcreme und ist von Milchschokolade umhüllt. Mit gerade 18 Gramm pro Riegel ist Duplo als Snack weit weniger problematisch als die großen Schokoriegel mit 50 – 100 Gramm/Riegel.

■ **Portionsgröße:** 1 Riegel = 18 g

■ **Nährwertgehalt** pro Portion (18 g): 100 kcal, 1 g Protein, 10 g Kohlenhydrate, 6 g Fett, 0 g Ballaststoffe

■ **Vorteile:** Knackig, günstige Portionsgröße, nur geringer Blutzuckeranstieg (*Glyx*)

■ **Nachteile:** Mehrfach-Packungen verführen zum Weiteressen

■ **Blutzuckeranstieg** nach Verzehr einer Portion (*Glyx*): ↗

Das Beste am Juni, wie manche Menschen sagen. Erdbeeren sind die kräftig roten Scheinfrüchte der Erdbeerstaude. Von Ende Mai bis Mitte Juli ist in Deutschland die klassische Erdbeer-Saison, die je nach Wetter etwas variieren kann. Erdbeeren eignen sich hervorragend als Zwischenmahlzeit, denn sie enthalten viele Vitamine, Mineralstoffe und Spurenelemente, dabei aber kaum Kalorien. Selbst ein Teelöffel Zucker zusätzlich ändert daran kaum etwas. Sahne leider schon eher.

■ **Portionsgröße:** Variabel, 2 Hände voll = ca. 125 g

■ **Nährwertgehalt** pro Portion (125 g): 40 kcal, 1 g Protein, 7 g Kohlenhydrate, 1 g Fett, 2 g Ballaststoffe

■ **Vorteile:** Hoher Gehalt an Vitamin C, nur geringer Blutzuckeranstieg (*Glyx*), Preis in der Saison niedrig

■ **Nachteile:** Werden schnell weich und faulig, gibt es (aus heimischer Ernte) nur kurze Zeit pro Jahr, tiefgefrorene Erdbeeren und solche aus der Dose schmecken bei weitem nicht so gut wie frische

■ **Blutzuckeranstieg** nach Verzehr einer Portion (*Glyx*): ↗

Die unterirdisch (Name!) wachsenden Früchte der brasilianischen Erdnusspflanze werden heute v.a. in Westafrika, Indien und China kultiviert. Ein Großteil der geernteten Erdnüsse kommt übrigens nicht als Nuss in den Handel, sondern wird zu Erdnussöl verarbeitet. Erdnüsse gehören zu den etwas fettärmeren und proteinreicheren Nuss-Sorten. Sie haben einen hohen Gehalt an Kalium, Magnesium und Vitamin E.

■ **Portionsgröße:** Meist Dosen à 200 g,
1 Hand voll = ca. 50 g

■ **Nährwertgehalt** pro Portion (50 g): 301 kcal, 13 g Protein, 7 g Kohlenhydrate, 25 g Fett, 4 g Ballaststoffe

■ **Vorteile:** Reich an Vitaminen und Mineralstoffen, gute Sättigung durch hohen Proteingehalt, günstige Fettzusammensetzung, praktisch kein Anstieg des Blutzuckers (*Glyx*)

■ **Nachteile:** Große Verpackungseinheiten verführen zum Weiteressen (die ganze Dose hat 1200 Kalorien!), noch immer hoher Fett- und Energiegehalt

■ **Blutzuckeranstieg** nach Verzehr einer Portion (*Glyx*): ➔

Die getrockneten Früchte des Feigenbaumes, der ursprünglich aus Westasien stammt. Heute kommen die meisten getrockneten Feigen aus der Türkei, Italien, Spanien und Griechenland zu uns in den Handel. Der weiße Belag auf vielen getrockneten Feigen ist übrigens kein Schimmel sondern auskristallisierter Traubenzucker. Feigen werden allein durch Trocknung ohne Konservierungsstoffe haltbar gemacht.

■ **Portionsgröße:** Unterschiedlich, meist 400 g/Packung

■ **Nährwertgehalt** pro Portion (50 g, 1/8 Packung):
121 kcal, 2 g Protein, 27 g Kohlenhydrate, 1 g Fett, 5 g Ballaststoffe

■ **Vorteile:** Süßigkeit mit hohem Ballaststoff, Kalium- und Magnesiumgehalt, billig

■ **Nachteile:** Große Verpackungseinheit verführt zum Vielessen (ist bei Trockenobst nicht anders als bei Süßigkeiten und Chips)

■ **Blutzuckeranstieg** nach Verzehr einer Portion (*Glyx*): ➚

Er ist ein Klassiker im Kühlregal, der Fruchtjoghurt im 150 Gramm-Becher in den verschiedensten Sorten. Auch als Zwischenmahlzeit ist Fruchtjoghurt gut geeignet. Weil die Bechergröße nicht allzu groß ist, bleibt der 150 Gramm Fruchtjoghurt eine recht fettarme Zwischenmahlzeit: Ein 150 Gramm Becher liegt bei 4-5 Gramm Fett, manche Nuss-Sorten auch etwas darüber. Bei Bechern mit 250 Gramm Inhalt sieht es auf der Nährwertseite schon etwas anders aus. Natürlich ist Joghurt wie andere Milchprodukte auch eine gute Calciumquelle.

■ **Portionsgröße:** 150 g (ein Becher)

■ **Nährwertgehalt** pro Portion (150 g): 145 kcal, 5 g Protein, 19 g Kohlenhydrate, 5 g Fett, 0 g Ballaststoffe

■ **Vorteile:** Gibt es überall, viele Varianten, Portionsgröße im Rahmen, calciumreich, billig

■ **Nachteile:** Becher in Rucksack oder Schultasche nicht besonders stabil, kein Fingerfood (man braucht einen Löffel!)

■ **Blutzuckeranstieg** nach Verzehr einer Portion (*Glyx*): ➚

Neu im Müsliriegel-Regal sind fruity-Riegel von Schwartau. Zwischen zwei dünnen Oblaten findet sich eine Fruchtfüllung mit Getreide, Traubenzucker und Vitamin C. Diese weichen Riegel sind eine Alternative zu klassischen Müsliriegeln. Der Fettgehalt ist geringer, der Gehalt an Vitamin C höher als bei den meisten Müsliriegeln. Die Portionsgröße ist allerdings um einiges höher als bei Müsliriegeln: 45 Gramm statt 25 Gramm. Daher ist trotz niedrigerem Fettgehalt der Energiegehalt pro Riegel höher. Sportler, die eine energiereiche Zwischenmahlzeit suchen, wird das freuen.

■ **Portionsgröße:** 1 Riegel = 45 g

■ **Nährwertgehalt** pro Portion (45 g): 173 kcal, 2 g Protein, 33 g Kohlenhydrate, 4 g Fett, 1 g Ballaststoffe

■ **Vorteile:** Niedriger Fettgehalt, hoher Gehalt an Vitamin C, sehr fruchtig, hoher Kohlenhydratanteil (Sportler!)

■ **Nachteile:** Höhere Portionsgröße als klassische Müsliriegel, daher höherer Energiegehalt

■ **Blutzuckeranstieg** nach Verzehr einer Portion (*Glyx*): ➚

Italienische Gebäckstangen aus Weizenmehl und Sauerteig. Eigentlich zur Überbrückung von Wartezeiten im Restaurant gedacht, erfreuen sich Grissini auch als Snack großer Beliebtheit. Man hat lange zu knabbern und auch vom Energiegehalt liegen Grissini nicht schlecht. Für einen würzigen Snack ist der Fettgehalt erfreulich niedrig, denn der Ölanteil im Teig ist gering. Grissini gibt es auch in verschiedenen Geschmacksrichtungen mit weiteren Zutaten, z.B. Ölsamen, Vollkorn und Gewürzen. Der Nährwertgehalt wird dadurch teilweise deutlich beeinflusst. Schauen Sie beim Einkaufen auf die Packung.

■ **Portionsgröße:** Variabel, 1 Packung enthält meist 125 g (ca. 21 Stangen)

■ **Nährwertgehalt** pro Portion (50 g = ca. 8 Stangen): 201 kcal, 7 g Protein, 36 g Kohlenhydrate, 3 g Fett, 1 g Ballaststoffe

■ **Vorteile:** Lange was zu knabbern, relativ niedriger Fettgehalt

■ **Nachteile:** Durch helles Weizenmehl wenig Vitamine, Mineralstoffe, Spurenelemente und Ballaststoffe, bei größeren Verzehrmengen und hoher Essgeschwindigkeit rascher Blutzuckeranstieg (*Glyx*)

■ **Blutzuckeranstieg** nach Verzehr einer Portion (*Glyx*): ➚

Der Klassiker unter den Fruchtgummis und die Nummer 1 auf dem deutschen Markt. Fruchtgummis bestehen aus verschiedenen Zuckerarten, Gelatine, Zitronensäure, färbenden Frucht- und Pflanzenauszügen sowie Aroma. Daher ist Fruchtgummi eine vollkommen fettfreie Süßigkeit. 100 Gramm Fruchtgummi (ca. 340 Kalorien) sehen auf der Kalorienseite um einiges besser aus als 100 Gramm Schokolade (ca. 540 Kalorien). Wenn nur das Portionsgrößen-Problem nicht wäre (siehe *Achtung Portionsgröße!*). Leider gibt es heute kaum noch Tüten unter 200 Gramm im Handel (Ausnahme: Mini-Tüten).

■ **Portionsgröße:** 1 Tüte = 200 g, 250 g oder 300 g

■ **Nährwertgehalt** pro Portion (50 g = 1/4 bis 1/6 Tüte): 171 kcal, 3 g Protein, 39 g Kohlenhydrate, 0 g Fett, 0 g Ballaststoffe

■ **Vorteile:** Fettfreie Süßigkeit, gibt es auch in ganz kleinen Mini-Tüten

■ **Nachteile:** Normale Tütengrößen ungünstig, verführen zum Weiteressen, bei größeren Verzehrmengen hohe *glykämische Ladung* (*Glyx*)

■ **Blutzuckeranstieg** nach Verzehr einer Portion (*Glyx*): ↑

Ein Softbrötchen, ein Rindfleisch-Pattie, dazu etwas Ketchup, Senf, Zwiebeln, Gurken und ein Salatblatt – fertig ist der Fastfood-Klassiker. Weil sich die Portionsgröße mit 100 – 150 Gramm im Vergleich zu vielen anderen Burgern sehr im Rahmen hält und gewöhnlich keine Majo verwendet wird, ist der Energie- und Fettgehalt eines klassischen Hamburgers niedriger als bei vielen anderen Fastfood-Gerichten. Wenn es klassisches Fastfood sein soll, ist ein ganz normaler Hamburger eine gute Wahl.

- **Portionsgröße:** Je nach Kette, z.B: McDonalds 103 g, Burger King 124 g

- **Nährwertgehalt** pro Burger/McDonalds (103 g): 254 kcal, 13 g Protein, 30 g Kohlenhydrate, 9 g Fett, 1 g Ballaststoffe

- **Nährwertgehalt** pro Burger/Burger King (124 g): 281 kcal, 15 g Protein, 30 g Kohlenhydrate, 12 g Fett, 1 g Ballaststoffe

- **Vorteile:** Portionsgröße im Rahmen, dadurch oft die bessere Wahl als zweifach- oder dreifach-Burger, relativ niedriger Fettgehalt für Fastfood, billig

- **Nachteile:** Wenig Ballaststoffe, ist nicht so „cool“ wie ein XXL-Burger

- **Blutzuckeranstieg** nach Verzehr einer Portion (*Glyx*): ➚

Diese Waffeln mit Haselnuss-Schoko-Füllung sind echte Klassiker im Süßwarenregal. Das Gute an Hanuta ist wie bei Duplo, Milky Way, Kinder-Riegel, Pick Up und anderen die geringe Portionsgröße von um die 25 Gramm. Das ist nur halb so viel wie ein klassischer Schokoriegel und gerade ein Viertel einer Tafel Schokolade. Damit hält sich auch die Fett- und Energiemenge im Rahmen. Für viele inaktive Menschen (auch Kinder) sind die kleineren Riegel eine gute Wahl, so auch Hanuta.

- **Portionsgröße:** 1 Waffel = 23 g
- **Nährwertgehalt** pro Portion (23 g): 120 kcal, 2 g Protein, 12 g Kohlenhydrate, 8 g Fett, 1 g Ballaststoffe
- **Vorteile:** Knackig, Geringe Portionsgröße, keine Schokofinger (Waffel schirmt Füllung ab), nur leichter Blutzuckeranstieg (*Glyx*)
- **Nachteile:** Mehrfach-Packungen können zum Weiteressen verleiten, Waffel krümelt etwas
- **Blutzuckeranstieg** nach Verzehr einer Portion (*Glyx*): ↗

Im Spätsommer ist in Nordeuropa Heidelbeerzeit. Die tiefblauen Früchte sind sehr reich an gesundheitsfördernden Inhaltsstoffen. So haben Heidelbeeren von allen Obstsorten die höchste antioxidative Kapazität und enthalten mit Abstand am meisten Anthocyanin, einen sekundären Pflanzenstoff mit zellschützender Wirkung. Eine Portion Heidelbeeren ist ein idealer Snack mit vielen wertvollen Inhaltsstoffen aber wenig Kalorien. Wie bei Erdbeeren auch, ändert ein Teelöffel Zucker zum Verfeinern daran wenig.

■ **Portionsgröße:** Variabel, 2 Hände voll = 125 g

■ **Nährwertgehalt** pro Portion (125 g): 45 kcal, 1 g Protein, 8 g Kohlenhydrate, 1 g Fett, 6 g Ballaststoffe

■ **Vorteile:** Sehr hoher Gehalt an Vitamin C, Mangan und Ballaststoffen, reich an Bioflavonoiden, nur geringer Blutzuckeranstieg (*Glyx*)

■ **Nachteile:** Nur kurze Saison im Spätsommer, nicht lange lagerfähig, teuer

■ **Blutzuckeranstieg** nach Verzehr einer Portion (*Glyx*): ↗

Wie wäre es mit einer Tasse Suppe als Snack? Normalerweise ziemlich aufwändig. Nicht so mit den immer häufiger angebotenen Tütensuppen: Beutel aufreißen und Inhalt in einen Becher schütten, mit kochenden Wasser auffüllen, umrühren, kurz ziehen lassen, fertig! Erascos Swing-Serie sieht auch auf der Nährwertseite gut aus. Wenig Fett, zusätzlich präbiotisches Inulin und Ballaststoffe.

■ **Portionsgröße:** 1 Beutel = 200 ml Suppe

■ **Nährwertgehalt** pro Portion (200 g, mit Wasser):
142 kcal, 4 g Protein, 26 g Kohlenhydrate, 3 g Fett,
3 g Ballaststoffe

■ **Vorteile:** Für eine Suppe schnell und einfach zuzubereiten, mit präbiotischem Inulin, sehr geringer Fettgehalt, günstige Portionsgröße, bringt gleichzeitig Flüssigkeit, billig

■ **Nachteile:** Kein Fingerfood fürs Essen im Vorübergehen

■ **Blutzuckeranstieg** nach Verzehr einer Portion (*Glyx*): ➚

Würzige Heringshäppchen in Senfsauce von Lysell, verfeinert mit Schnittlauch und Dill. Der etwas andere Snack. Eine Dose dieser Fisch-Delikatesse aus dem Kühlregal enthält 125 Gramm und somit ist die Portionsgröße deutlich niedriger als bei klassischen Fischkonserven (meist 200 Gramm). Hering ist zwar ein fettreicher Fisch, da aber nur 50 % des Doseninhalts Fisch selbst ist und 50 % Gemüse und Sauce bleibt der Fettgehalt nur mäßig. Noch dazu sind die Omega-3-Fettsäuren aus Fisch besonders herzgesund.

- **Portionsgröße:** 1 Dose = 125 g

- **Nährwertgehalt** pro Portion (125 g): 259 kcal, 9 g Protein, 28 g Kohlenhydrate, 13 g Fett, 2 g Ballaststoffe

- **Vorteile:** Intensiv würzige Fischdelikatesse, hoher Gehalt an Omega-3-Fettsäuren und Jod, günstige Portionsgröße

- **Nachteile:** Muss kühl gelagert werden, kein Fingerfood, teuer

- **Blutzuckeranstieg** nach Verzehr einer Portion (*Glyx*): ↗

Man nehme ein längliches helles Brötchen, ein Wiener Würstchen, Gurkenscheiben/Relish, Röstzwiebeln und Hotdog-Sauce – fertig ist der Hotdog. Über Energie- und Fettgehalt entscheidet hauptsächlich das Würstchen (Größe? Fettgehalt?), aber auch die Sauce (mit Majo? Fettgehalt?). Die meisten Hotdogs dürften vom Energiegehalt jenseits von 400 Kalorien liegen und das ist für einen Snack sehr viel.

■ **Portionsgröße:** Je nach Größe von Wurst und Brötchen, kleine bis mittlere Portion ca. 150 g

■ **Nährwertgehalt** pro Portion (150 g): 414 kcal, 12 g Protein, 26 g Kohlenhydrate, 30 g Fett, 2 g Ballaststoffe

■ **Vorteile:** Wenn nicht zuviel Sauce drauf ist, bleiben die Hände sauber, billig, kann man sich manchmal selbst zusammenstellen (Ketchupsaucen oder Senf statt Majo nehmen)

■ **Nachteile:** Für einen Snack hoher Energie- und Fettgehalt

■ **Blutzuckeranstieg** nach Verzehr einer Portion (*Glyx*): ➚

Eine Tasse oder ein Becher Kakao sind durch ihren Nährwertgehalt bereits ein vollwertiger Snack und nicht nur etwas zum Trinken für zwischendurch. Vor allem von der Portionsgröße (kleine Tasse à 150 ml bis großer Becher à 400 ml) hängt ab, was drin steckt. An zweiter Stelle entscheidet der Fettgehalt der Milch über das Nährwertprofil. Wer die Portionsgröße im Auge behält, erhält einen nährstoffreichen Snack, der gleichzeitig sogar den Schokohunger bekämpfen kann.

■ **Portionsgröße:** Variabel, von etwa 150 ml bis 400 ml

■ **Nährwertgehalt** pro Portion (165 g = 1 kleine Tasse aus Vollmilch 3,5 % Fett): 155 kcal, 6 g Protein, 19 g Kohlenhydrate, 6 g Fett, 1 g Ballaststoffe

■ **Vorteile:** Liefert gleichzeitig Flüssigkeit, proteinreich, calciumreich, kaliumreich

■ **Nachteile:** Große Portionen enthalten viel zusätzliche Energie

■ **Blutzuckeranstieg** nach Verzehr einer Portion (*Glyx*): ➚

Ein Brötchen, dass auch ohne Aufschnitt prima schmeckt und das man hervorragend mal eben zwischendurch essen kann. Jede Bäckerei und jeder Backshop bietet mittlerweile Käsebrötchen oder Käsestangen an. Der Käse wird vor dem Backen auf das Brötchen gelegt und mitgebacken. Das Ergebnis ist ein frisches Brötchen mit appetitlich verlaufenem Käse. Aus der Größe des Brötchens und der Menge sowie Fettgehaltsstufe des verwendeten Käses ergibt sich der Nährwert.

■ **Portionsgröße:** Von Bäckerei zu Bäckerei unterschiedlich

■ **Nährwertgehalt** pro Portion (60 g = mittelgroßes Brötchen): 184 kcal, 5 g Protein, 25 g Kohlenhydrate, 6 g Fett, 1 g Ballaststoffe

■ **Vorteile:** Einfach – der Käse ist schon auf dem Brötchen, gibt es überall, teilweise auch als Vollkorn-Variante, oft frisch gebacken

■ **Nachteile:** Bei hohem Käseanteil und/oder großem Brötchen auch höherer Energie- und Fettgehalt

■ **Blutzuckeranstieg** nach Verzehr einer Portion (*Glyx*): ➚

Hartlakritz mit hohem Lakritzanteil. Katjes Kinder sind sehr geschmacksintensiv und müssen lange gekaut werden. Verglichen mit Weichlakritzen oder Fruchtgummi hat man bestimmt 3 x so lange daran zu kauen. Durch den hohen Anteil an braunem Zuckersirup und Lakritz ist der Mineralstoffgehalt an (Calcium, Eisen) für Süßigkeiten obendrein noch recht hoch.

■ **Portionsgröße:** Meist 1 Tüte = 200 g, 1 Hand voll = 50 g

■ **Nährwertgehalt** pro Portion (50 g): 172 kcal, 1 g Protein, 42 g Kohlenhydrate, 0 g Fett, 0 g Ballaststoffe

■ **Vorteile:** Lange was zum Kauen, relativ hoher Gehalt an Eisen und Calcium, magenschonend, fettfrei

■ **Nachteile:** Große Tüten verführen zum Weiteressen, je nach verzehrter Menge (und Essgeschwindigkeit) schneller Blutzuckeranstieg (*Glyx*)

■ **Blutzuckeranstieg** nach Verzehr einer Portion (*Glyx*): ↗

Kinder Riegel

Kinder Riegel sind Schoko-Riegel mit besonders reichhaltiger Milchfüllung. 40 % des Riegels ist Schokolade, 60 % ist Milchfüllung. Die Milchfüllung ist zwar nicht fettärmer als Schokolade selbst, sie enthält jedoch mehr Calcium als Vollmilchschokolade. Mit 21 Gramm ist die Portionsgröße für einen Snack günstig.

■ **Portionsgröße:** 1 Riegel = 21 g

■ **Nährwertgehalt** pro Portion (21 g): 117 kcal, 2 g Protein, 11 g Kohlenhydrate, 7 g Fett, 0 g Ballaststoffe

■ **Vorteile:** Günstige Portionsgröße, etwas höherer Calciumgehalt als normale Vollmilchschokolade

■ **Nachteile:** Mehrfachpackungen verführen zum Weiteressen, Riegel wird bei Wärme schnell weich

■ **Blutzuckeranstieg** nach Verzehr einer Portion (*Glyx*): ↗

Die Chinesische Stachelbeere ist schon fast zu einem heimischen Obst geworden, denn es gibt sie das ganze Jahr über. Neuseeland ist heute der Hauptproduzent dieser Frucht. Der Geschmack liegt am ehesten irgendwo zwischen Erdbeere und Melone. Kiwis gehören zu den Lebensmitteln mit dem höchsten natürlichen Gehalt an Vitamin C. 100 Gramm Kiwis enthalten je nach Herkunft und Lagerung 20 – 300 mg Vitamin C.

■ **Portionsgröße:** Je nach Größe der Frucht, mittlere Kiwi ca. 80 g

■ **Nährwertgehalt** pro Portion (80 g): 41 kcal, 1 g Protein, 8 g Kohlenhydrate, 0 g Fett, 3 g Ballaststoffe

■ **Vorteile:** Niedriger Energiegehalt, hoher Gehalt an Vitamin C, gibt es fast das ganze Jahr, durch geringen Kohlenhydratgehalt nur langsamer Blutzuckeranstieg (abhängig von Verzehrmenge)

■ **Nachteile:** Man braucht ein Messer und einen Löffel zum Essen (kein Fingerfood), optimale Reife schwer zu beurteilen

■ **Blutzuckeranstieg** nach Verzehr einer Portion (*Glyx*): ➚

Milch-Haselnuss-Schnitte mit günstiger Portionsgröße von 25 Gramm. Die quadratischen Knoppers bestehen aus mehreren Lagen Waffeln, ca. 30 % Milchcremefüllung und ca. 30 % Nugatcremefüllung. Durch die Milchcremefüllung ist der Calciumgehalt aus Milch(pulver) bei Knoppers etwas höher als bei Waffelschnitten ohne Milchcremefüllung.

- **Portionsgröße:** 1 Schnitte = 25 g
- **Nährwertgehalt** pro Portion (25 g): 132 kcal, 2 g Protein, 13 g Kohlenhydrate, 8 g Fett, 1 g Ballaststoffe
- **Vorteile:** Knackig, günstige Portionsgröße, Waffel vermeidet teilweise Schokofinger
- **Nachteile:** Mehrfach-Packungen können zum Weiteressen verführen
- **Blutzuckeranstieg** nach Verzehr einer Portion (*Glyx*): ➚

Fruchtjoghurt mit Cerealien in einer Portionspackung. Erst wenn man den Knusper Joghurt essen möchte, werden die Cerealien aus der Knusperecke über den Joghurt gegeben und vermischt. So sind diese durch Knusperkugeln oder Schokoflakes in der Tat sehr knusprig. Der Joghurt ist meist aus Vollmilch gemacht, die Cerealien teilweise mit Schokolade überzogen. Demgemäß liegen Energie- und Fettgehalt auch etwas über Vollmilch-Fruchtjoghurt pur. Die verschiedenen Knusper Joghurt-Sorten unterscheiden sich vom Nährwert geringfügig.

■ **Portionsgröße:** 150 g = 1 Becher mit ca. 130 g Fruchtjoghurt plus ca. 20 g Cerealien

■ **Nährwertgehalt** pro Portion (Bildbeispiel, 150 g): 224 kcal, 7 g Protein, 30 g Kohlenhydrate, 8 g Fett, 1 g Ballaststoffe

■ **Vorteile:** Joghurt mit einer kleinen Portion knuspriger Cerealien in einer Verpackung, hoher Genussfaktor durch Schokokugeln

■ **Nachteile:** Etwas höherer Fett- und Energiegehalt, die Joghurtseite der Schale läuft leicht über, wenn man die Cerealien unterrührt

■ **Blutzuckeranstieg** nach Verzehr einer Portion (*Glyx*): ↗

Wie die Mohrrübe ist der Kohlrabi als klassischer „gesunder" Snack bekannt. Kohlrabi enthält wenig Kalorien, aber viele Vitamine (v.a. C), Mineralstoffe (v.a. Kalium, Magnesium), Spurenelemente und sekundäre Pflanzenstoffe, wie die krebshemmenden Glucosinolate, die auch den typischen Kohlgeschmack bedingen. Anders als bei den meisten anderen Snacks spielt die Portionsgröße durch den sehr geringen Energiegehalt praktisch keine Rolle. Ein ganzes Pfund Kohlrabi würde auch nur 120 Kalorien enthalten.

■ **Portionsgröße:** Je nach Größe und Zuschnitt

■ **Nährwertgehalt** pro Portion (100 g = 1 dicke Scheibe): 24 kcal, 2 g Protein, 4 g Kohlenhydrate, 0 g Fett, 2 g Ballaststoffe

■ **Vorteile:** Extrem geringer *Glyx*, nährstoffreich (s.o.), fettfrei, kaum Kalorien, viel zu knabbern

■ **Nachteile:** Lässt sich nicht so einfach und lange lagern wie viele andere Snacks

■ **Blutzuckeranstieg** nach Verzehr einer Portion (*Glyx*): →

Haferkekse in Einzelverpackungen à 25 Gramm. Kölln Cakes enthalten an erster Stelle Vollkorn-Haferflocken. Je nach Sorte sind auch getrocknete Früchte und/oder Nüsse verschiedener Sorten enthalten. Sehr günstig ist die individuelle Verpackung jedes Cakes. So bleibt die Portionsgröße im Rahmen und die Gefahr des Weiteressens einer einmal angebrochenen Packung sinkt.

■ **Portionsgröße:** 1 Packung = 8 Cakes, 1 Cake = 25 g

■ **Nährwertgehalt** pro Portion (25 g): 122 kcal, 2 g Protein, 15 g Kohlenhydrate, 6 g Fett, 1 g Ballaststoffe

■ **Vorteile:** Günstige Portionsgröße, durch Vollkorn-Anteil höherer Gehalt an Vitaminen, Mineralstoffen, Spurenelementen und Ballaststoffen

■ **Nachteile:** Trotz Individualverpackung ist die Gefahr des Weiteressens nicht vollständig gebannt, Fettgehalt nicht niedrig

■ **Blutzuckeranstieg** nach Verzehr einer Portion (*Glyx*): ↗

Edel-Fastfood aus dem Kühlfach des Supermarktes. Tiefseekrabben mit Dillspitzen in feiner Salatcreme statt Majonäse angerichtet. Allein durch Austausch von Majo gegen fettärmere Salatcreme werden etwa 40 % Fett eingespart. Dennoch ist der Krabbensalat kein fettarmer Snack. Die Schale enthält noch immer 20 Gramm Fett. Zu Krabbensalat gehört nun mal Majo und mit dieser Variante kann man zumindest einen Teil des Fetts einsparen.

■ **Portionsgröße:** 1 Schale = 150 g

■ **Nährwertgehalt** pro Portion (150 g): 254 kcal, 9 g Protein, 11 g Kohlenhydrate, 20 g Fett, 1 g Ballaststoffe

■ **Vorteile:** Weniger Energie- und Fett als Krabbensalat mit fettreicher Majo, hoher Jodgehalt, kaum messbarer Blutzuckeranstieg (*Glyx*), da geringer Kohlenhydratgehalt und relativ hoher Fettgehalt (verzögert die Kohlenhydratverwertung)

■ **Nachteile:** Teuer, muss gekühlt werden, Baguette etc. als Beilage kommt evtl. noch dazu und muss zum Energie- und Fettgehalt addiert werden, trotz Fettreduktion nicht fettarm

■ **Blutzuckeranstieg** nach Verzehr einer Portion (*Glyx*): ➔

Ein leckerer Rohkostsalat für zwischendurch, das wäre doch was? Krautsalat in mittleren Portionsgrößen gibt es mittlerweile in vielen Supermärkten und die Schale lässt sich prima mit zur Arbeit nehmen (aber möglichst waagerecht transportieren!). Allerdings summiert sich der Fettgehalt aus Öl im Dressing schnell auf eine beachtliche Menge. Plus Zucker aus dem Dressing macht pro Schale massige 592 Kalorien! Schauen Sie auf die Nährwertinformation und suchen Sie nach fettärmeren Salaten.

■ **Portionsgröße:** Unterschiedlich, meist 400 g/Schale

■ **Nährwertgehalt** pro Portion (400 g): 592 kcal, 4 g Protein, 72 g Kohlenhydrate, 32 g Fett, 10 g Ballaststoffe

■ **Vorteile:** Knackiger Rohkostsalat, komplett verzehrfertig, viel Ballaststoffe und Vitamin C, eine Gabel Krautsalat ist gut zum verfeinern von Wurst- und Käsebrot geeignet

■ **Nachteile:** Sehr hoher Fett- und Energiegehalt, muss im Kühlschrank gelagert werden

■ **Blutzuckeranstieg** nach Verzehr einer Portion (*Glyx*): ➚

Früher eine süddeutsche Spezialität, heute überall in Deutschland geschätzt und erhältlich, sogar im ICE der Bahn durch den mobilen Brezelverkäufer. Laugenbrezeln sind eine praktisch fettfreie und kohlenhydratreiche Zwischenmahlzeit. In vielen Regionen werden sie traditionell mit Butter gegessen, die den Fettgehalt dann deutlich nach oben treibt. Brezeln gibt es in sehr unterschiedlichen Größen. Die ganz großen Brezeln sind schon eher eine Hauptmahlzeit als ein Snack.

■ **Portionsgröße:** Unterschiedlich, von 50 – 250 g

■ **Nährwertgehalt** pro Portion (kleine Laugenbrezel, 50 g): 125 kcal, 4 g Protein, 26 g Kohlenhydrate, 1 g Fett, 1 g Ballaststoffe

■ **Vorteile:** An vielen Stellen erhältlich (Bäckereien, Backshops, spez. Brezelbäcker u.a.), billig, praktisch fettfrei

■ **Nachteile:** Salzreich (Salzkristalle besser abbröseln), wenig Ballaststoffe, bei großen Brezeln rel. hohe Energiemenge und schneller Blutzuckeranstieg

■ **Blutzuckeranstieg** nach Verzehr einer Portion (*Glyx*): ↗

Samen des Macademia-Baumes, der ursprünglich in Australien und auf Hawaii kultiviert wurde, heute auch zunehmend in Kenia angebaut wird. Von vielen werden die Macademias als die edelsten aller Nüsse angesehen. Macademias haben eine besonders günstige Fettzusammensetzung, denn sie enthalten sehr viel einfach ungesättigte Ölsäure. Wie bei anderen Nüssen auch, sind zusätzlich viele Vitamine (besonders Vitamin E), Mineralstoffe und Spurenelemente enthalten. Der hohe Fettgehalt mahnt jedoch zum Maßhalten mit der Essmenge. Ideal sind Macademias für Anhänger der Atkins-Diät, denn sie sind sehr arm an Kohlenhydraten.

■ **Portionsgröße:** Meist in 150 g-Dosen,
1 Hand voll = ca. 50 g

■ **Nährwertgehalt** pro Portion (50 g, 1/3 Dose): 375 kcal,
4 g Protein, 8 g Kohlenhydrate, 37 g Fett, 5 g Ballaststoffe

■ **Vorteile:** Sehr reich an Vitaminen, Mineralstoffen, Spurenelementen und Ballaststoffen, besonders günstige Fettzusammensetzung, kein Blutzuckeranstieg

■ **Nachteile:** Sehr hoher Energie- und Fettgehalt, teuer

■ **Blutzuckeranstieg** nach Verzehr einer Portion (*Glyx*): ➔

Samen des Süßmandelbaumes, der heute im Mittelmeerraum und an der amerikanischen Ostküste angebaut wird, ursprünglich jedoch aus Asien stammt. Mandeln sind reich an vielen Nährstoffen (s.u.) und enthalten besonders viel einfach ungesättigte Ölsäure. In einer aktuellen kalifornischen Studie zur Gewichtsabnahme schnitt die Gruppe besser ab, die jeden Tag 84 Gramm Mandeln statt Reis und Nudeln erhalten hatte. Dennoch enthalten Mandeln in größeren Mengen viel Energie und Fett und es ist unklar, ob der günstige Effekt auf das Gewicht auch außerhalb von Studien eintritt. Eine kleine Menge als Snack ist jedoch unproblematisch.

- **Portionsgröße:** 1 Tüte enthält meist 100 g, 1 Hand voll = 50 g
- **Nährwertgehalt** pro Portion (50 g): 299 kcal, 9 g Protein, 5 g Kohlenhydrate, 27 g Fett, 5 g Ballaststoffe
- **Vorteile:** Günstige Fettzusammensetzung, hoher Gehalt an Kalium, Eisen, Calcium, Phosphor und Ballaststoffen, sehr hoher Gehalt an Vitamin E, praktisch kein Blutzuckeranstieg (*Glyx*)
- **Nachteile:** Hoher Energie- und Fettgehalt (Vorsicht bei großen Mengen)
- **Blutzuckeranstieg** nach Verzehr einer Portion (*Glyx*): ➔

Mars macht mobil, denn dieser Schokoriegel mit Karamellfüllung ist Energie für unterwegs. Tatsächlich enthält Mars mehr Kohlenhydrate und weniger Fett als andere Schokoriegel. Darum ist Mars auch bei Ausdauersportlern, z.B. Radfahrern, beliebt. Die Riegel sind relativ groß (meist 50 – 60 g, Kingsize auch deutlich mehr) und so kommt insgesamt recht viel Energie zusammen. Um die ganz großen Kingsize-Riegel sollten inaktive Büromenschen daher eher einen Bogen machen.

■ **Portionsgröße:** Unterschiedliche Riegelgrößen, meist 54 g

■ **Nährwertgehalt** pro Portion (54 g): 262 kcal, 2 g Protein, 40 g Kohlenhydrate, 10 g Fett, 0 g Ballaststoffe

■ **Vorteile:** Überall erhältlich, praktisch für unterwegs, im Vergleich mit anderen Schokoriegeln niedrigerer Fettgehalt, billig

■ **Nachteile:** Wärmeempfindlich, mäßiger-schneller Blutzuckeranstieg, relativ große Portionsgröße

■ **Blutzuckeranstieg** nach Verzehr einer Portion (*Glyx*): ↗

Milchkaffee oder Café au Lait wird von vielen Menschen als „flüssige Zwischenmahlzeit“ hoch geschätzt. Er besteht zum großen Teil aus heißer Milch mit etwas Milchschaum, zum kleineren Teil aus Espresso-Kaffee. Derzeit boomt der Verkauf von Espresso-Maschinen, die auch zu Hause aus frischen Bohnen leckeren Espresso brauen können. So trinken immer mehr Menschen auch daheim ihren Milchkaffee. Milchkaffee gibt es in sehr unterschiedlichen Tassen- bzw. Bechergrößen, daher ist die Angabe von Nährwertdaten schwierig. Der Nährwert ist eng mit der verwendeten Milch verbunden (1,5%, 3,5% oder 3,8% Fettgehalt), ferner vom Einsatz von Zucker oder Süßstoff abhängig.

■ **Portionsgröße:** Variiert mit der Größe der Tasse

■ **Nährwertgehalt** pro Portion (250 ml mit Schaum, 150 ml Milch 3,5% Fett, 60 ml Espresso, 2 Stk. Würfelzucker): 120 kcal, 5 g Protein, 12 g Kohlenhydrate, 5 g Fett, 0 g Ballaststoffe

■ **Vorteile:** Liefert gleichzeitig Flüssigkeit, Coffein regt an, hoher Calciumgehalt

■ **Nachteile:** Viele Milchkaffees pro Tag mit fettreicher Milch und ggf. Zucker liefern auch viel Energie (Vorsicht bei Gewichtsproblemen), etwas aufwändige Zubereitung

■ **Blutzuckeranstieg** nach Verzehr einer Portion (*Glyx*): ➚

Milchreis gibt es jetzt auch in einer praktisch fettfreien Variante mit 0,1 % Fett. Diese Sorten unterscheiden sich von den klassischen Sorten nennenswert nur im Fettgehalt: 0,2 Gramm pro Becher verglichen mit etwa 5,2 Gramm pro Becher. Die 0,1 % Variante spart also alles in allem 5 Gramm Fett.

■ **Portionsgröße:** 200 g (1 Becher)

■ **Nährwertgehalt** pro Portion (200 g): 178 kcal, 6 g Protein, 38 g Kohlenhydrate, 0 g Fett, 1 g Ballaststoffe

■ **Vorteile:** Sättigt besser als Joghurt und Pudding, calciumreich, praktisch fettfrei

■ **Nachteile:** Blutzuckeranstieg mäßig-schnell

■ **Blutzuckeranstieg** nach Verzehr einer Portion (*Glyx*): ↗

Eine wohlschmeckende und gut sättigende Alternative zu Joghurt, Quark und Pudding als kleine Mahlzeit zwischendurch. Die verschiedenen Milchreis-Sorten unterscheiden sich je nach Soße etwas im Nährwertgehalt. Der Fettgehalt liegt mit etwa 5 Gramm pro Becher noch im grünen Bereich. Durch den Reisgehalt und die festere Beschaffenheit sättigt Milchreis besser als viele halbflüssige Joghurt- und Puddingsorten.

- **Portionsgröße:** 200 g (1 Becher)
- **Nährwertgehalt** pro Portion (200 g): 224 kcal, 6 g Protein, 38 g Kohlenhydrate, 5 g Fett, 1 g Ballaststoffe
- **Vorteile:** Sättigt besser als Joghurt und Pudding, calciumreich, geringer Fettgehalt
- **Nachteile:** Blutzuckeranstieg mäßig-schnell
- **Blutzuckeranstieg** nach Verzehr einer Portion (*Glyx*): ➚

Die Diät-Variante ist mit ganz normaler Vollmilch (3,5 % Fett) gemacht, aber statt mit Zucker mit Süßstoffen gesüßt. So liegt der Energiegehalt etwas niedriger als beim zuckergesüßten klassischen Milchreis. Sehr groß ist der Unterschied aber nicht. Der Blutzuckeranstieg (*Glyx*) dieser Variante ist dem gemäß etwas niedriger als bei anderen Milchreis-Varianten. Durch den Gehalt an Milchzucker und Reis bleibt er dennoch mäßig schnell.

■ **Portionsgröße:** 200 g (1 Becher)

■ **Nährwertgehalt** pro Portion (200 g): 174 kcal, 6 g Protein, 28 g Kohlenhydrate, 4 g Fett, 1 g Ballaststoffe

■ **Vorteile:** Sättigt besser als Joghurt und Pudding, calciumreich, langsamerer Blutzuckeranstieg als bei Milchreis classic und 0,1 % Fett

■ **Nachteile:** Enthält Süßstoff (nicht jedermanns Sache)

■ **Blutzuckeranstieg** nach Verzehr einer Portion (*Glyx*): ➚

Ferreros Milch-Sandwich ist heute schon ein echter Klassiker als Zwischenmahlzeit. Vergleicht man den Nährwertgehalt mit großen Schokoriegeln (50 – 60 Gramm), dann spricht vieles für die Milch-Schnitte. Die Portionsgröße ist etwa halb so groß, damit liegt auch der Energie- und Fettgehalt um gut 50 % niedriger. Durch den Milchanteil enthält die Schnitte gleichzeitig mehr Calcium als vergleichbar große Riegel.

■ **Portionsgröße:** 1 Schnitte à 28 g

■ **Nährwertgehalt** pro Portion (28 g): 117 kcal, 3 g Protein, 10 g Kohlenhydrate, 7 g Fett, 1 g Ballaststoffe

■ **Vorteile:** Portionsgröße geringer als bei klass. Schokoriegeln, Energie- und Fettgehalt für einen süßen Riegel im Rahmen, nur leichter Blutzuckeranstieg

■ **Nachteile:** Muss im Kühlschrank gelagert werden, etwas druckempfindlich, Mehrfach-Packungen bergen die Gefahr des Weiteressens

■ **Blutzuckeranstieg** nach Verzehr einer Portion (*Glyx*): ➚

Halbgefrorene Milchshakes von den bekanntesten Fastfood-Anbietern könnte man am ehesten als eine Art „weiches Softeis mit dickem Strohhalm zum Trinken“ beschreiben. Die Shakes sind sehr beliebte Snacks, weil man sie so schön unterwegs verzehren kann, ohne sich wie bei Eis die Hände schmutzig zu machen. Shakes gibt es in verschiedenen Geschmacksrichtungen (Vanille, Schoko, Erdbeer u.a.). Der Nährwert orientiert sich an einer ordentlich gesüßten etwas eingedickten Vollmilch. Während die kleinen Shakes (bei McDonalds 0,3 l, bei Burger King 0,2 l) noch akzeptable Portionsgrößen für einen Snack darstellen, würde man die großen Shakes (0,5 l bzw. 0,4 l) schon mehr als ganze Mahlzeit einstufen.

■ **Portionsgröße:** 200 – 500 ml

■ **Nährwertgehalt** pro Portion: 1. Burger King (200 ml, kleiner Shake Vanille): 187 kcal, 3 g Protein, 19 g Kohlenhydrate, 11 g Fett. 2. McDonalds (300 ml, kleiner Shake Vanille): 293 kcal, 10 g Protein, 47 g Kohlenhydrate, 8 g Fett.

■ **Vorteile:** Softeis im Becher, saubere Sache für unterwegs, relativ geringer Fettgehalt im Vergleich zu Eiscreme

■ **Nachteile:** Große Shakes sind schon ganze Mahlzeiten, bei großen Shakes hoher *Glyx*

■ **Blutzuckeranstieg** n. Verzehr einer Port. (*Glyx*): ↑ bzw. ↗

Auch ein Klassiker, der Schokoriegel mit Milchcreme-Füllung. Ein echter Pluspunkt ist die geringe Portionsgröße von 26 Gramm pro Riegel. Damit wird ein Milky Way sicher nicht zu einer Kalorienbombe. 115 Kalorien sind für einen Schokoriegel wenig. Die meisten großen Schokoriegel liegen zwischen 250 und 300 Kalorien und mehr. Im Gegensatz zu anderen Riegeln enthält Milky Way besonders wenig Fett.

- **Portionsgröße:** 1 Riegel = 26 g
- **Nährwertgehalt** pro Portion (26 g): 115 kcal, 1 g Protein, 19 g Kohlenhydrate, 4 g Fett, 0 g Ballaststoffe
- **Vorteile:** Geringe Portionsgröße, relativ niedriger Fettgehalt, nur leichter Blutzuckeranstieg (*Glyx*)
- **Nachteile:** Mehrfach-Packungen können zum Weiteressen verleiten, wärmeempfindlich
- **Blutzuckeranstieg** nach Verzehr einer Portion (*Glyx*): ➚

Sie ist fast schon ein Urvater der würzigen Snacks, aber auch heute noch beliebt. Die meisten Snacks sind süß, darum schätzen gerade diejenigen Menschen Mini-Salamis, die eher nicht zu den Süß-Freunden gehören. Mini-Salamis sind sehr energiedichte Lebensmittel (viele Kalorien auf engstem Raum), weil sie viel Fett enthalten. Wer es bei einer belässt, braucht dennoch nicht um die Figur zu befürchten, denn die Portionsgröße ist mit etwa 25 Gramm sehr im Rahmen.

■ **Portionsgröße:** 25 Gramm, es gibt aber auch Varianten mit 40 Gramm und mehr

■ **Nährwertgehalt** pro Portion (25 g): 130 kcal, 5 g Protein, 0 g Kohlenhydrate, 12 g Fett, 0 g Ballaststoffe

■ **Vorteile:** Kein Blutzuckeranstieg, intensiv würziger Geschmack, gut zum Mitnehmen für unterwegs

■ **Nachteile:** Hoher Fettgehalt, bei Mehrfach-Packungen Gefahr des Weiteressens

■ **Blutzuckeranstieg** nach Verzehr einer Portion (*Glyx*): ➔

Mini-Zwieback mit Kokos

Klassischer Zwieback wäre als Snack auch gut geeignet, er ist vielen aber zu trocken (ähnlich wie Knäckebrot pur). Glücklicherweise gibt es attraktivere Zwieback-Varianten zum Snacken. Brandt Minis mit Kokos schmecken leicht süß nach Kokos und eignen sich gut zum Snacken, zumal der Energie- und Fettgehalt geringer als bei vielen Keksen und Kuchen ist. Trotzdem ist bei der Portionsgröße Augenmerk angebracht, denn eine ganze Tüte à 100 Gramm ist als Snack eine sehr große Portion.

- **Portionsgröße:** 1 Tüte = 100 g, 1 Portion = 1/2 Tüte

- **Nährwertgehalt** pro Portion (50 g): 210 kcal, 4 g Protein, 37 g Kohlenhydrate, 6 g Fett, 1 g Ballaststoffe

- **Vorteile:** Sehr knusprig, lange was zu knabbern, relativ geringer Fettgehalt für Gebäck

- **Nachteile:** Krümelt sehr, Tütengröße 100 g, bei Verzehr der ganzen Tüte hoher *Glyx*

- **Blutzuckeranstieg** nach Verzehr einer Portion (*Glyx*): ↗

Na klar, wer Gewichtsprobleme hat, sollte Mohrrüben als Snack einem Schokoriegel vorziehen. Aber ganz so einfach ist das in der Praxis nicht, denn ein Snack soll ja auch einen kleinen Genuss zwischendurch bringen, und nicht jeder empfindet die Mohrrübe geschmacklich dem Schokoriegel ebenbürtig. Auf jeden Fall sind Mohrrüben fettfreie, kalorienarme, ballaststoff- und nährstoffreiche Snacks in knabbergerechter Form

■ **Portionsgröße:** Je nach Größe der Mohrrübe

■ **Nährwertgehalt** pro Portion (50 g = 1 mittelgroße Mohrrübe): 13 kcal, 1 g Protein, 2 g Kohlenhydrate, 0 g Fett, 2 g Ballaststoffe

■ **Vorteile:** Extrem geringer *Glyx*, nährstoffreich (v.a. Carotin, Kalium, Eisen, Ballaststoffe), fettfrei, kaum Kalorien, viel zu knabbern, billig

■ **Nachteile:** Lässt sich nicht so einfach und lange lagern wie viele andere Snacks, muß vorher gereinigt werden

■ **Blutzuckeranstieg** nach Verzehr einer Portion (*Glyx*): ➔

Muffins sind runde süße Minikuchen, die zu den klassischen amerikanischen Gebäcken zählen. Es gibt sie in den verschiedensten Sorten: Classic, Schoko, Nuss, Blaubeere, Himbeere, Apfel-Zimt, Mohn, Vollkorn, Hafer, Karotte usw. Abhängig von der Sorte und der Größe der Muffins variiert der Nährwertgehalt. Generell sind Muffins durch den verwendeten Rührteig eher fettreich. Besonders die Sorten mit Nuss und Schokolade enthalten viel Fett. Die Fruchtvarianten wie Apfel-Zimt, Blaubeere oder Himbeere liegen hier besser.

■ **Portionsgröße:** Je nach Größe der Muffins, ca. 40 – 150 g

■ **Nährwertgehalt** pro Portion (kleiner Muffin = 45 g): 150 kcal, 2 g Protein, 22 g Kohlenhydrate, 6 g Fett, 1 g Ballaststoffe

■ **Vorteile:** Sortenvielfalt, billig, kleine Muffins haben gute Snack-Größe

■ **Nachteile:** Zerbröckeln leicht, teilweise hoher Fettgehalt, große Muffins enthalten sehr viel Energie und Fett

■ **Blutzuckeranstieg** nach Verzehr einer Portion (*Glyx*): ➚

Eine weihnachtliche Lebkuchenspezialität, die ursprünglich aus dem oberschlesischen Städtchen Neisse stammt. Aus den Hauptzutaten Honig, Mehl, Eiern, Zitronat, Mandeln, Nüssen und Gewürzen entsteht ein sehr würzig schmeckender Pfefferkuchen, der entweder mit Zuckerglasur oder mit feiner dunkler Schokolade überzogen wird. Die Schokoladenvariante ist am beliebtesten. Der Teig enthält nur wenig Fett (aus Eiern, Mandeln und Nüssen).

■ **Portionsgröße:** Packungsinhalt 200 g (mit Schokolade)

■ **Nährwertgehalt** pro Portion (3 Stück mit Schokolade, 50 g) ca.-Angaben: 190 kcal, 3 g Protein, 27 g Kohlenhydrate, 7 g Fett, 2 g Ballaststoffe

■ **Vorteile:** Sehr wohlschmeckend und durch hohen Gewürzgehalt gut bekömmlich, hoher Honiggehalt, relativ fettarm

■ **Nachteile:** Gibt es nur in wenigen Spezialitätengeschäften oder direkt beim Hersteller Confiserie Rabbel (Westerkappeln), teuer, große Verpackungseinheit (200 g, 12 Stück) kann zum Vielessen verführen

■ **Blutzuckeranstieg** nach Verzehr einer Portion (*Glyx*): ➚

Obstgarten Classic

Eine Danone-Frischkäsespezialität mit Früchten und Joghurt. Anders als viele Fruchtjoghurts und Fruchtquarks wiegt ein Becher Obstgarten nur 125 Gramm. Die relativ geringe Portionsgröße führt trotz des nominell höheren Fettgehalts zu noch günstigen Nährwertgehalten pro Becher.

■ **Portionsgröße:** 1 Becher = 125 g

■ **Nährwertgehalt** pro Portion (125 g): 151 kcal, 7 g Protein, 20 g Kohlenhydrate, 5 g Fett, 1 g Ballaststoffe

■ **Vorteile:** Günstige Portionsgröße, sehr locker aufgeschlagen, calciumreich

■ **Nachteile:** Etwas teurer als z.B. ein Fruchtjoghurt mit 150 g Inhalt

■ **Blutzuckeranstieg** nach Verzehr einer Portion (*Glyx*): ↗

Bei dieser Obstgarten-Variante wurde fast fettfreier Frischkäse verwendet. Die Fruchtzubereitung ist statt mit Zucker mit Süßstoffen und Fruchtzucker gesüßt. Auch ein Becher Obstgarten Fitness Diät wiegt nur 125 Gramm. Die relativ geringe Portionsgröße, der Fettgehalt von nur 0,4 % und der Einsatz von weniger Zucker macht diese Obstgarten-Variante zu einem besonders leichten Snack.

■ **Portionsgröße:** 1 Becher = 125 g

■ **Nährwertgehalt** pro Portion (125 g): 90 kcal, 8 g Protein, 14 g Kohlenhydrate, 1 g Fett, 1 g Ballaststoffe

■ **Vorteile:** Günstige Portionsgröße, calciumreich, proteinreich, nur geringer Blutzuckeranstieg (*Glyx*), energie- und fettarm

■ **Nachteile:** Etwas teurer als z.B. ein Diät-Fruchtjoghurt mit 150 g Inhalt, Süßstoffe können einen süßen Nachgeschmack haben

■ **Blutzuckeranstieg** nach Verzehr einer Portion (*Glyx*): ➚

Immer mehr so genannte Direktsäfte, die direkt aus der Frucht und nicht aus Konzentrat hergestellt werden, gibt es heute im Lebensmittelhandel. Annähernd wie frisch gepresst schmecken die Direktsäfte, die nur ganz kurz erhitzt wurden und im Kühlregal/Kühlschrank gelagert werden müssen. Diese Säfte enthalten viel Kalium und Vitamin C sowie sekundäre Pflanzenstoffe aus der Orange. Schon 250 ml Direktsaft decken den ganzen Tagesbedarf an Vitamin C. Direktsäfte gibt es mit und ohne Fruchtfleisch sowie als Blutorangen-Variante. Der Gehalt an Ballaststoffen ist bei den Varianten mit Fruchtfleisch etwas höher.

■ **Portionsgröße:** 1 Glas à 250 ml

■ **Nährwertgehalt** pro Portion (250 g): 107 kcal, 2 g Protein, 23 g Kohlenhydrate, 0 g Fett, 1 g Ballaststoffe

■ **Vorteile:** Einfacher als selbst Pressen, hoher Gehalt an Vitamin C und Kalium, gleichzeitig viel Flüssigkeit

■ **Nachteile:** Muss gekühlt gelagert werden, gibt es nicht überall, relativ teuer

■ **Blutzuckeranstieg** nach Verzehr einer Portion (*Glyx*): ↗

Trockenpflaumen gehören in den Bereich Naturapotheke, denn sie helfen durch ihren hohen Sorbit- und Ballaststoffgehalt gut bei Verstopfungen (viel dazu trinken!). Gleichzeitig sind sie eine gute Kaliumquelle und ersetzen verloren gegangene Energie. Entweder kommen die Hersteller ganz ohne Konservierungsmittel aus oder sie verwenden unproblematische Sorbinsäure.

- **Portionsgröße:** Unterschiedlich, Tüte meist 250 g Inhalt

- **Nährwertgehalt** pro Portion (50 g, ca. 7 Stück): 110 kcal, 1 g Protein, 24 g Kohlenhydrate, 0 g Fett, 5 g Ballaststoffe

- **Vorteile:** Obst, Süßigkeit und Abführmittel in einem

- **Nachteile:** Geschmack nicht jedermanns Sache, stark abführend beim Verzehr großer Mengen (ganze Tüte), nicht besonders ansehnlich

- **Blutzuckeranstieg** nach Verzehr einer Portion (*Glyx*): ➚

Pick Up!

Eine pfiffige Kombination aus Butterkeks und Schokolade oder wie auf der Packung zu lesen ist: Milchschokoladentafel im Gebäck-Sandwich. Der Anteil der Milchschokolade liegt bei 48 %. Beim Pick Up! ist Schokolade mit einem knackigen Keks kombiniert und ergibt so einen Riegel, der sich nicht verbiegen lässt. Da man nur den Keks greift, der die Schokolade oben und unten umhüllt, gibt es auch keine Schokofinger. Mit 28 Gramm ist die Portionsgröße im Vergleich zu anderen Schokoriegeln niedriger, dadurch auch der Gehalt an Energie und Fett.

■ **Portionsgröße:** 1 Riegel = 28 g

■ **Nährwertgehalt** pro Portion (28 g): 141 kcal, 2 g Protein, 18 g Kohlenhydrate, 8 g Fett, 0 g Ballaststoffe

■ **Vorteile:** Keine Schokofinger, Portionsgröße im Rahmen, knackiger als Schokoriegel

■ **Nachteile:** Mehrfachpackungen können zum Weiteressen verführen

■ **Blutzuckeranstieg** nach Verzehr einer Portion (*Glyx*): ➚

Hellgrüne, längliche Früchte des Pistazienbaumes, der besonders im östlichen Mittelmeerraum angebaut wird. Als Snacks kommen Pistazienkerne meist geröstet und gesalzen in der angeplatzten Originalschale in den Handel. Der Fettgehalt ist etwas geringer als der anderer Nüsse. Pistazien sind besonders reich an Kalium, Eisen, Vitamin E und der günstigen Ölsäure.

■ **Portionsgröße:** 1 Tüte enthält meist 200 g,
1 Hand voll = ca. 50 g

■ **Nährwertgehalt** pro Portion (50 g essbarer Anteil):
299 kcal, 9 g Protein, 8 g Kohlenhydrate, 26 g Fett,
3 g Ballaststoffe

■ **Vorteile:** Durch die Schalen wird das Essen verlangsamt (für die Sättigungsregulation sinnvoll), günstige Fettzusammensetzung, hoher Gehalt an Kalium, Eisen und Vitamin E, *Glyx* sehr gering

■ **Nachteile:** Schalen müssen erst entfernt werden und fallen als Abfall an (kein Snack fürs Autofahren!), hoher Energie- und Fettgehalt (Vorsicht bei großen Mengen)

■ **Blutzuckeranstieg** nach Verzehr einer Portion (*Glyx*): ➔

Zusammen mit dem Hamburger sind Pommes frites der Inbegriff von Fastfood und für manche ein Zeichen schwindender Esskultur. Vom Nährwert unterscheiden sich Pommes frites allerdings erheblich. Energie- und Fettgehalt sind von den verwendeten Kartoffelstäbchen (dick oder dünn geschnitten, Kartoffelsorte), der Frittiertemperatur und dem verwendeten Frittierfett abhängig. Auf jeden Fall sollte als Snack nur eine kleine (etwa 70 Gramm) oder maximal mittlere Portion (etwa 100 Gramm) bestellt werden. Zusätzlicher Ketchup oder gar Majo ist in der Nährwertberechnung jedoch noch nicht inbegriffen. Gerade bei großen Portionen ist auch der Blutzuckeranstieg mäßig bis schnell (hoher *Glyx*).

■ **Portionsgröße:** Sehr unterschiedlich, von ca. 70 Gramm (kleine Portion) bis über 200 Gramm

■ **Nährwertgehalt** pro Portion (mittlere Portion, ca. 105 g): 394 kcal, 5 g Protein, 51 g Kohlenhydrate, 19 g Fett, 5 g Ballaststoffe

■ **Vorteile:** Relativ hoher Ballaststoffgehalt, gibt es überall, billig, passt als Beilage zu fast allem

■ **Nachteile:** Auch die kleineren und mittleren Portionen enthalten schon größere Mengen Fett, Qualität des Frittierfetts sehr unterschiedlich

■ **Blutzuckeranstieg** nach Verzehr einer Portion (*Glyx*): ↗

Gebrannter gepuffter Mais. Popcorn gibt es in vielen Variationen: Nur mit Salz (die amerikanische Variante), mit Käse und Salz, mit Karamel und Zucker, mit Schokolade und Zucker u.a. Mais selbst ist ein kohlenhydratreiches und fettarmes Korn. Der Nährwert des fertigen Popcorns wird aber gerade durch die weiteren Zutaten (z.B. Öl, Zucker, Käse, Schokolade, Nüsse) verändert. Die Portionsgröße der meisten Tüten ist hoch: Z.T. deutlich über 100 Gramm.

■ **Portionsgröße:** Tütengröße variiert stark, 1 kleine Tüte = 100 g

■ **Nährwertgehalt** pro Portion (50 g Karamel-Popcorn = 1/2 kleine Tüte): 219 kcal, 1 g Protein, 41 g Kohlenhydrate, 5 g Fett, 2 g Ballaststoffe

■ **Vorteile:** Lange was zu knabbern (hohes Volumen), relativ geringer Fettgehalt (abhängig von weiteren Zutaten)

■ **Nachteile:** Vorsicht bei den heute angebotenen großen Tüten (auch im Kino!), bei großen Portionen und hoher Essgeschwindigkeit rascher Blutzuckeranstieg (*Glyx*)

■ **Blutzuckeranstieg** nach Verzehr einer Portion (*Glyx*): ↗

Im Regal Sportlernahrung eines Supermarkts oder in einer Drogerie findet man die Champ PowerRiegel. Sie sind eine proteinreiche Kompaktnahrung mit Vitaminanreicherung auf der Basis von Milcheiweiß für Freizeit- und Leistungssportler. Natürlich kann auch der normale Büroarbeiter von ihnen profitieren. Mit 45 Gramm liegen sie von der Portionsgröße noch knapp unter einem normalen Schokoriegel. Auf der Nährwertseite sieht es aber deutlich anders aus. PowerRiegel enthalten viel mehr Protein und Vitamine, jedoch deutlich weniger Fett und Energie als ein Schokoriegel.

■ **Portionsgröße:** 1 Riegel = 45 g

■ **Nährwertgehalt** pro Portion (45 g): 175 kcal,
12 g Protein, 20 g Kohlenhydrate, 5 g Fett, 1 g Ballaststoffe

■ **Vorteile:** Proteinreich, vitaminreich, sättigt gut, geringer Fettgehalt

■ **Nachteile:** Teurer als Schokoriegel, gibt es nicht überall

■ **Blutzuckeranstieg** nach Verzehr einer Portion (*Glyx*): ↗

Die Mini-Version der beliebten Prinzenrolle gibt es gleich im so genannten Snack Pack zu 37,5 Gramm. In jedem Snack Pack finden sich 5 Doppelkekse mit Kakaocremefüllung. Die Portionsgröße eines Snack Packs liegt zwischen der eines kleinen Schokoriegels (z.B. Duplo, Hanuta, Pick Up) und der eines normalen Schokoriegels (z.B. Mars, Snickers, Nuts). So liegt auch der Energie- und Fettgehalt in etwa dazwischen. Auf jeden Fall ist ein Snack Pack die bessere Alternative, als eine große Rolle mit 400 Gramm zu öffnen, von der man wahrscheinlich mehr isst.

■ **Portionsgröße:** 1 Snack Pack = 37,5 g

■ **Nährwertgehalt** pro Portion (37,5 g): 188 kcal, 2 g Protein, 24 g Kohlenhydrate, 9 g Fett, 1 g Ballaststoffe

■ **Vorteile:** Noch günstige Portionsgröße, knackig, keine Schokofinger, 5 Einzelkekse

■ **Nachteile:** Mehrfachpackungen bergen das Risiko des Weiteressens (aber selbst eine Mehrfachpackung mit 4 Snack Packs ist sicherer als eine große Rolle mit 400 g!)

■ **Blutzuckeranstieg** nach Verzehr einer Portion (*Glyx*): ➚

Sie werden aus gepufften Reiskörnern, etwas Sesamsaat und Salz hergestellt. Manche Reiswaffeln gibt es auch mit würzigen Aromen, z.B. Käse. Reiswaffeln bedeuten viel Essvolumen bei relativ geringem Energiegehalt. Natürlich kann man sie auch belegen, z.B. mit Gemüse, Käse, magerer Wurst, ebenso mit Obst, Konfitüre und Honig. 5 große Reiswaffeln pur entsprechen vom Energiegehalt einem kleinen Schokoriegel, der die Energie weit kompakter enthält.

■ **Portionsgröße:** Variabel, meist als Packungen à 100 g im Handel (ca. 15 Waffeln)

■ **Nährwertgehalt** pro Portion (33 g, 5 Stück, ohne zusätzlichen Belag): 132 kcal, 3 g Protein, 28 g Kohlenhydrate, 1 g Fett, 1 g Ballaststoffe

■ **Vorteile:** Viel zu knabbern, sehr geringer Fettgehalt, billig

■ **Nachteile:** Gibt es fast ausschließlich in Packungen à 100 Gramm (Gefahr des Weiteressens), Reiswaffeln verlieren in geöffneter Packung ihre Knackigkeit (kann man dann im Ofen kurz anbacken), trocken

■ **Blutzuckeranstieg** nach Verzehr einer Portion (*Glyx*): ↗

Weizenpops, Cornflakes, Cornflakes mit Zucker, Schokoflakes, Reisflocken – alle diese Frühstückscerealien gibt es heute auch als Riegel. Die Riegel enthalten meist pflanzliches Fett und Zucker sowie oft auch Vitamine (B-Vitamine, Folsäure, Vitamin E, Niacin) und Mineralstoffe (Calcium). Vom sonstigen Nährwertgehalt befinden sich die Riegel in etwa zwischen Cerealien und Schokoriegeln. Allerdings ist die Portionsgröße meist deutlich geringer als die klassischer Schokoriegel.

■ **Portionsgröße:** 1 Riegel = etwa 25 g

■ **Nährwertgehalt** pro Portion (23 g): 109 kcal, 2 g Protein, 15 g Kohlenhydrate, 5 g Fett, 1 g Ballaststoffe

■ **Vorteile:** Portionsgröße im Rahmen, teilweise mit zusätzlichen Vitaminen und Mineralstoffen, von Kindern oft eher akzeptiert als klassische Müsliriegel

■ **Nachteile:** Oft krümelig, Fettgehalt nicht niedrig

■ **Blutzuckeranstieg** nach Verzehr einer Portion (*Glyx*): ↗

Rispinos süß

Eine Knabberspezialität aus gepufftem Reis. Es gibt Rispinos in vielen süßen Geschmacksrichtungen: Cocos, Schoko, Caramel, Banane u.v.a.m. Hauptzutat ist Reis mit knapp 70 %. Rispinos sind mit einem Fettgehalt unter 3 % sehr fettarme Snacks. Dazu kommt eine günstige Portionsgröße von 50 Gramm. Dennoch hat man an einer Tüte mit 50 Gramm viel zu knabbern und das Gefühl, dass es viel mehr ist.

■ **Portionsgröße:** 1 Tüte = 50 g

■ **Nährwertgehalt** pro Portion (50 g): 195 kcal, 3 g Protein, 43 g Kohlenhydrate, 1 g Fett, 2 g Ballaststoffe

■ **Vorteile:** Viel zu knabbern, viele verschiedene Sorten, noch günstige Portionsgröße, sehr geringer Fettgehalt

■ **Nachteile:** Blutzuckeranstieg mäßig-schnell

■ **Blutzuckeranstieg** nach Verzehr einer Portion (*Glyx*): ↗

Eine Knabberspezialität aus gepufftem Reis. Es gibt Rispinos nicht nur in süßen, sondern auch würzigen Geschmacksrichtungen: Pizza, Cheese + Onion, Barbecue u.a. Hauptzutat ist Reis mit über 70 %. Auch würzige Rispinos sind mit einem Fettgehalt unter 3 % sehr fettarme Snacks. Dazu kommt eine günstige Portionsgröße von 50 Gramm. Dennoch hat man an einer Tüte mit 50 Gramm viel zu knabbern und das Gefühl, dass es fast eine ganze Pizza ist. Dabei spart man aber 90 % Fett und 70 % Kalorien gegenüber einer klassischen Pizza.

■ **Portionsgröße:** 1 Tüte = 50 g

■ **Nährwertgehalt** pro Portion (50 g): 187 kcal, 4 g Protein, 41 g Kohlenhydrate, 1 g Fett, 2 g Ballaststoffe

■ **Vorteile:** Viel zu knabbern, viele verschiedene Sorten, noch günstige Portionsgröße, sehr geringer Fettgehalt

■ **Nachteile:** Blutzuckeranstieg mäßig-schnell (auch abhängig von der Essgeschwindigkeit)

■ **Blutzuckeranstieg** nach Verzehr einer Portion (*Glyx*): ↗

Getrocknete Weintrauben sind eine ideale Zwischenmahlzeit, wenn es auf den Ersatz verbrauchter Energie ankommt. Im Gegensatz zu vielen Süßigkeiten enthalten sie neben vielen Kohlenhydraten auch noch Mineralstoffe und Ballaststoffe in größeren Mengen. Anders als andere Trockenobstsorten kommen Rosinen ohne zusätzliche Konservierungsstoffe aus.

■ **Portionsgröße:** Unterschiedlich, eine Tüte enthält meist 250 g

■ **Nährwertgehalt** pro Portion (50 g, 1/5 Tüte): 140 kcal, 1 g Protein, 32 g Kohlenhydrate, 0 g Fett, 3 g Ballaststoffe

■ **Vorteile:** Haltbar, billig, „Obst zum Snacken“, reich an Mineralstoffen und Ballaststoffen, keine Konservierungsstoffe

■ **Nachteile:** Geschmack nicht jedermanns Sache, schneller Blutzuckeranstieg (je nach Portionsgröße)

■ **Blutzuckeranstieg** nach Verzehr einer Portion (*Glyx*): ↑

Helles Brötchen aus leicht süßem Hefeteig mit eingebackenen Rosinen. Der Rosinenanteil ist meist nicht sehr hoch, so dass auch Menschen, die Rosinen pur verschmähen, Rosinenbrötchen mögen.

■ **Portionsgröße:** Je nach Größe des Brötchens, etwa 50 g

■ **Nährwertgehalt** pro Portion (50 g): 140 kcal, 4 g Protein, 30 g Kohlenhydrate, 1 g Fett, 1 g Ballaststoffe

■ **Vorteile:** Gibt es überall, niedriger Fettgehalt, billig, gute Alternative zum Schokoriegel

■ **Nachteile:** Je nach Größe des Brötchens schneller Blutzuckeranstieg, wenig Ballaststoffe und Vitamine, wird schnell altbacken

■ **Blutzuckeranstieg** nach Verzehr einer Portion (*Glyx*): ↑

Rote Grütze ist zwar ein klassisches Dessert, aber sie eignet sich auch vorzüglich als Zwischenmahlzeit. Je nach Hersteller kann sie viele Früchte enthalten. Durch den recht hohen Anteil an verschiedenen Zuckerarten steigt jedoch der Blutzucker relativ rasch an. Dies gilt ganz besonders für die großen Becher mit mehr als 200 g.

■ **Portionsgröße:** 1 Becher =160 g

■ **Nährwertgehalt** pro Portion (160 g): 176 kcal, 2 g Protein, 37 g Kohlenhydrate, 2 g Fett, 2 g Ballaststoffe

■ **Vorteile:** Fruchtiger, fettarmer Snack, teilweise hoher Fruchtgehalt

■ **Nachteile:** Relativ schneller Blutzuckeranstieg (*Glyx*) besonders bei größeren Portionen

■ **Blutzuckeranstieg** nach Verzehr einer Portion (*Glyx*): ➚

Mit Käse, Gemüse, Salami und Gewürzen belegte tiefgefrorene Baguettes zum Aufbacken im Ofen oder in einem Mikrowellen-Kombigerät (am besten mit Heißluft). Weil Salami eine fettreiche Wurst ist, vermutet man hier auch ein fettreiches Baguette. Zum Glück ist es anders, denn der Salami-Anteil auf den Baguettes ist gering. Allerdings kann der Energie- und Fettgehalt von Hersteller zu Hersteller schwanken. Darum lohnt bei der Auswahl am Tiefkühltresen in jedem Fall der Blick auf die Nährwertinformation.

■ **Portionsgröße:** 1 Baguette = 125 g

■ **Nährwertgehalt** pro Portion (125 g): 224 kcal, 10 g Protein, 29 g Kohlenhydrate, 8 g Fett, 2 g Ballaststoffe

■ **Vorteile:** Geringere Portionsgröße als Pizza, als Snack noch geeignet

■ **Nachteile:** Muss aufgebacken werden, Mehrfach-Packungen können zum Mehressen verführen

■ **Blutzuckeranstieg** nach Verzehr einer Portion (*Glyx*): ➚

Würziges stangenförmiges Gebäck aus Weizenmehl, das kurz vor dem Backen in Natronlauge getaucht und nach dem Backen mit grobem Salz bestreut wird. Salzstangen sind fast fettfreie Snacks, die aber einen produktgemäß hohen Salzgehalt haben (ca. 4-5 %).

- **Portionsgröße:** Packungsinhalt meist 250 g
- **Nährwertgehalt** pro Portion (ca. 30 Stangen, 50 g): 175 kcal, 5 g Protein, 38 g Kohlenhydrate, 0 g Fett, 1 g Ballaststoffe
- **Vorteile:** Lange was zu knabbern, kaum Fett, kann man gut dippen
- **Nachteile:** Hoher Salzgehalt (kann man aber teilweise mit den Fingern abbröseln), Blutzuckeranstieg bei größeren Verzehrmengen
- **Blutzuckeranstieg** nach Verzehr einer Portion (*Glyx*): ➚

Statt mit Salz sind diese würzigen Gebäckstangen mit Sesam bestreut. Dadurch ist der Salzgehalt deutlich geringer, der Fettgehalt etwas höher. Das Fett aus der Ölsaat Sesam hat aber eine günstige Zusammensetzung und so spricht nichts gegen diese Variante. Im Gegenteil, die Sesam-statt-Salz-Variante ist für viele, besonders für Kinder, wegen des niedrigeren Salzgehalts die bessere Wahl. Und der Fettgehalt ist allemal geringer als der von Chips.

■ **Portionsgröße:** Packungsgröße meist 175 g, eine Portion = 50 g

■ **Nährwertgehalt** pro Portion (50 g = ca. 30 Stangen): 210 kcal, 6 g Protein, 32 g Kohlenhydrate, 6 g Fett, 2 g Ballaststoffe

■ **Vorteile:** Lange was zu knabbern, schmeckt durch Sesam intensiver, relativ geringer Fettgehalt, günstige Fettzusammensetzung

■ **Nachteile:** Krümelig

■ **Blutzuckeranstieg** nach Verzehr einer Portion (*Glyx*): ➚

Waffel oben, Waffel unten und eine Schaumzuckerfüllung in der Mitte – fertig. Bei manchen Waffeln sind die Enden zusätzlich mit Schokoglasur überzogen. Schaumzuckerwaffeln bieten viel Menge (Volumen) zu knabbern, der Energie- und vor allem der Fettgehalt (Waffeln ohne Schokolade > 1 %) sind jedoch im Rahmen. Eine Waffel wiegt meist zwischen 15 und 50 Gramm.

■ **Portionsgröße:** Eine Packung enthält meist mehrere Waffeln (75 g oder 100 g gesamt)

■ **Nährwertgehalt** pro Portion (45 g = 3 Waffeln ohne Schokolade): 158 kcal, 3 g Protein, 39 g Kohlenhydrate, 0 g Fett, 0 g Ballaststoffe

■ **Vorteile:**: Viel Volumen zu Essen, ohne Schokolade praktisch fettfrei, Einzelwaffel sehr günstige Portionsgröße

■ **Nachteile:** Empfindlich (werden in der Tasche leicht zerdrückt), schneller Blutzuckeranstieg (*Glyx*) – vor allem bei großen Portionen, Gehalt an Vitaminen und Co. relativ gering, Füllung ist klebrig

■ **Blutzuckeranstieg** nach Verzehr einer Portion (*Glyx*): ↑

Ein dünner Waffelboden mit einer Hülle aus dunkler Schokolade umschließt eine Schaumzucker-Füllung auf Eiweiß-Basis. Für viele der Inbegriff von „Sünde“ beim Essen. Ein einzelner großer Schoko-Kuss ist aber gar nicht so problematisch, denn die Portionsgröße von 25 Gramm und der relativ niedrige Fettgehalt machen ihn nicht zu der Kalorienbombe, als die er immer bezeichnet wird. Natürlich besteht eine gewisse Gefahr für die anderen 11 Schoko-Küsse, wenn die 300 Gramm-Packung erst einmal angebrochen ist ...

■ **Portionsgröße:** 1 Stück, groß = 25 g, Verpackungseinheit meist 300 g (12 Stück)

■ **Nährwertgehalt** pro Portion (25 g): 110 kcal, 1 g Protein, 18 g Kohlenhydrate, 2-3 g Fett, 0 g Ballaststoffe

■ **Vorteile:** Geringe Portionsgröße, niedriger Fettgehalt im Vergleich zu Schokoriegeln

■ **Nachteile:** Große Verpackungseinheit kann zum Essen weiterer Schoko-Küsse verführen, einzelne Küsse zum Transport ungeeignet, Druck- und Temperatur-empfindlich

■ **Blutzuckeranstieg** nach Verzehr einer Portion (*Glyx*): ➚

Schokolade in Portionsgrößen von 100 Gramm (normale Tafel) oder mehr (große Tafel) als Snack zwischendurch dürfte die Verbrennungskapazität des Körpers oft überfordern, denn sie schlägt mit gut über 500 Kalorien sowie 30 und mehr Gramm Fett pro 100 Gramm zu Buche. Wie gut, dass es seit kurzer Zeit auch die pfiffige Portionsgröße von 40 Gramm als Mini-Tafel gibt. Wer die Mini-Tafel in Zartbitter (gibt es aber nicht von allen Herstellern) auswählt, hat trotz kleinerer Tafel einen intensiven Schokoladengenuss.

■ **Portionsgröße:** 1 Mini-Tafel = 40 g

■ **Nährwertgehalt** pro Portion (40 g Milka Alpenmilch): 211 kcal, 3 g Protein, 23 g Kohlenhydrate, 12 g Fett, 1 g Ballaststoffe

■ **Vorteile:** Für Schokolade günstige Portionsgröße, enthält mehr Mineralstoffe und Spurenelemente als viele andere süße Snacks, hoher Gehalt an Antioxidantien (besonders bei dunklen Sorten)

■ **Nachteile:** Hoher Fettgehalt, Mehrfach-Packungen können zum Öffnen einer weiterer Tafeln verleiten (siehe auch *Achtung Portionsgröße!*)

■ **Blutzuckeranstieg** nach Verzehr einer Portion (*Glyx*): ↗

Eigentlich ein Kinder-Snack, denn die Spielzeug-Überraschung ist der Hauptgrund, warum Kinder diese Schoko-Milch-Eier so lieben. Aber auch für Erwachsene gar keine schlechte Alternative, denn die Schokoladenmenge bleibt mit etwa 20 Gramm sehr im Rahmen. Und über die Überraschung freuen sich die Kinder auch dann, wenn die Schokolade drumherum schon einen anderen Abnehmer gefunden hat ...

■ **Portionsgröße:** 1 Ei, ca. 20 Gramm Schokolade

■ **Nährwertgehalt** pro Portion (20 g): 112 kcal, 2 g Protein, 11 g Kohlenhydrate, 6 g Fett, 0 g Ballaststoffe

■ **Vorteile:** Geringe Portionsgröße, dadurch deutlich weniger Energie/Fett als klassische Schokoriegel, zusätzliche Überraschung kann vom Essen ablenken oder das Essen hinauszögern

■ **Nachteile:** Die Schoko-Eier gehen in der Tasche leicht kaputt

■ **Blutzuckeranstieg** nach Verzehr einer Portion (*Glyx*): ➚

Eine leichte und würzige Knabberspezialität, die ursprünglich aus Südtirol stammt. Schüttelbrot wird aus Roggen, Weizen, Hefe und Gewürzen (Fenchel, Kümmel) gebacken und getrocknet. Die Brotfladen werden so knusprig und sind lange haltbar. Lässt sich hervorragend pur, aber auch mit Frischkäse, Käse oder Wurst essen.

■ **Portionsgröße:** Unterschiedlich, Verpackungsmenge meist 200 g

■ **Nährwertgehalt** pro Portion (50 g): 165 kcal, 5 g Protein, 34,5 g Kohlenhydrate, 0,8 g Fett, 5 g Ballaststoffe

■ **Vorteile:** Lange was zu knabbern, hoher Ballaststoffgehalt, langsamer Blutzuckeranstieg, sehr bekömmlich, lange haltbar, sehr niedriger Fettgehalt

■ **Nachteile:** Zerbricht leicht und krümelt, keine handlichen Kleinverpackungen (z.B. 50 g), gibt es nicht überall

■ **Blutzuckeranstieg** nach Verzehr einer Portion (*Glyx*): ➚

Eine knusprige Spezialität aus geröstetem Sesam, Honig und Rohrzucker aus dem Bioladen oder dem Bioregal im Supermarkt. Wenn der Riegel ein Bio-Siegel trägt, sind alle Zutaten aus kontrolliert ökologischer Landwirtschaft. Der Sesamgehalt beträgt etwa 50 % und bedingt den hohen Gehalt des Riegels an Kalium, Calcium, Magnesium, Eisen, Phosphor und fettlöslichen Vitaminen. Mit etwas 25 Gramm haben die Riegel eine günstige Portionsgröße.

■ **Portionsgröße:** Je nach Größe des Riegels, meist ca. 25 – 30 g/Packung

■ **Nährwertgehalt** pro Portion (3 kleine Riegel = 25 g): 129 kcal, 3 g Protein, 14 g Kohlenhydrate, 7 g Fett, 1 g Ballaststoffe

■ **Vorteile:** Hoher Mineralstoff- und Spurenelementgehalt (s.o.), aus ökologischer Landwirtschaft

■ **Nachteile:** Gibt es nicht überall, etwas teurer als Schokoriegel

■ **Blutzuckeranstieg** nach Verzehr einer Portion (*Glyx*): ➚

Slimfast Fertigdrink

Slimfast Fertigdrinks sind ein Mahlzeitenersatz für eine gewichtskontrollierende Ernährung. Statt einer normalen Mahlzeit (auch Zwischenmahlzeit) wird ein Fertigdrink getrunken. In einer Studie konnte gezeigt werden, dass Menschen, die Gewicht abgenommen hatten, mit Hilfe einer Austauschmahlzeit am Tag (am besten an Stelle der kalorienreichsten Mahlzeit) das Gewicht über Jahre halten konnten. In jedem Fall liefert ein Fertigdrink viel Protein, ist mit Vitaminen, Mineralstoffen, Spurenelementen und Ballaststoffen angereichert und stellt so eine sehr nährstoffreiche komplette kleine Mahlzeit dar. Gut gekühlt kommt er geschmacklich einem Milchshake nahe.

- **Portionsgröße:** 1 Dose = 325 ml

- **Nährwertgehalt** pro Portion (325 ml): 220 kcal, 14 g Protein, 35 g Kohlenhydrate, 3 g Fett, 5,5 g Ballaststoffe

- **Vorteile:** Hoher Protein-, Vitamin-, Mineralstoff-, Spurenelement- und Ballaststoffgehalt, niedriger Fettgehalt, gut sättigend, sehr einfacher Verzehr

- **Nachteile:** Sollte aus geschmacklichen Gründen gekühlt verzehrt werden, relativ teuer

- **Blutzuckeranstieg** nach Verzehr einer Portion (*Glyx*): ↗

Müsliriegel mit Schokoladenchips, Vitaminen und Mineralstoffen, halb überzogen mit Milchschokolade. Auch Menschen, die (noch) keine Gewichtsprobleme haben, können Slimfast-Riegel als Snack essen. Sie sind eine Art „aufgebohrte Müsliriegel“, deren Gehalt an Vitaminen und Mineralstoffen um einiges höher liegt als der von normalen Müsliriegeln. Die Portionsgröße ist etwa gleich. Auch geschmacklich brauchen sich Slimfast-Riegel nicht hinter anderen Schoko-Müsliriegeln zu verstecken.

■ **Portionsgröße:** 1 Riegel = 26 g

■ **Nährwertgehalt** pro Portion (26 g): 98 kcal, 1 g Protein, 18 g Kohlenhydrate, 3 g Fett, 1 g Ballaststoffe

■ **Vorteile:** Hoher Gehalt an Vitaminen und Mineralstoffen, geringer Fettgehalt, günstige Portionsgröße

■ **Nachteile:** Etwas teurer als normale Müsliriegel, findet sich im Regal „Diät und Sporternährung“

■ **Blutzuckeranstieg** nach Verzehr einer Portion (*Glyx*): ↗

Eine gute Knabberalternative zu fettreicheren Nüssen. Sojakerne enthalten weniger als halb so viel Fett wie Erdnüsse und gar weniger als ein Drittel wie Haselnüsse. Zusätzlich ist Soja sehr reich an Kalium, Magnesium, Phosphor, Zink, Vitamin E, Folsäure u.a. Die ebenfalls in großer Menge enthaltenen Isoflavone beeinflussen den Cholesterinspiegel günstig und vermindern das Risiko für manche Krebsarten (Brust, Eierstöcke, Gebärmutter, Prostata).

■ **Portionsgröße:** Tütengröße meist 100 g

■ **Nährwertgehalt** pro Portion (50 g = 1/2 Tüte): 174 kcal, 19 g Protein, 2 g Kohlenhydrate, 10 g Fett, 5 g Ballaststoffe

■ **Vorteile:** Sehr hoher Protein- und Ballaststoffgehalt, sehr reich an Mikronährstoffen (s.o.), hoher Gehalt an cholesterinsenkenden Pflanzensterinen, sehr geringer *Glyx*, viel zu knabbern, macht gut satt, gibt es auch aus Bio-Anbau

■ **Nachteile:** Etwas trockener als z.B. Erdnüsse, gibt es nicht überall

■ **Blutzuckeranstieg** nach Verzehr einer Portion (*Glyx*): ➔

Diese Solero-Variante ist eine Kombination aus Vanilleeis und Fruchteis. Das Fruchteis wird aus Passionsfrucht, Mango, Pfirsich und Ananas zubereitet. Durch den Fruchtanteil ist Solero Exotic ein fett- und auch energiearmes Eis. 112 Kalorien sind für einen Snack dieser Größe, den man noch dazu einige Minuten lang genießen kann, ein niedriger Wert.

■ **Portionsgröße:** 1 Eis à 75 g

■ **Nährwertgehalt** pro Portion (75 g): 112 kcal, 2 g Protein, 20 g Kohlenhydrate, 3 g Fett, 0 g Ballaststoffe

■ **Vorteile:** Für ein Eis niedriger Fett- und Energiegehalt, günstige Portionsgröße, fruchtig und sahnig gleichzeitig

■ **Nachteile:** Muss zur längeren Lagerung tiefgefroren werden (min. 3-Sterne Fach)

■ **Blutzuckeranstieg** nach Verzehr einer Portion (*Glyx*): ➚

Studentenfutter

Damit lässt sich auch ein langer Vorlesungstag überstehen! Studentenfutter ist eine sehr energiereiche Mischung aus Nüssen und Trockenobst. Eine 200 Gramm-Tüte Studentenfutter kommt auf fast 1000 Kalorien Energie. Je nach Mischungsverhältnis Trockenobst-Nuss kann der Nährwert etwas abweichen. Nüsse und Trockenobst sind reich an Vitaminen, Mineralstoffen und Spurenelementen sowie an Ballaststoffen. Die Nüsse enthalten zwar große Mengen Fett, dieses Fett hat jedoch eine günstige Zusammensetzung und ist von großen Mengen Vitamin E begleitet.

■ **Portionsgröße:** Tüte meist 200 g, 1 Hand voll = ca. 50 g

■ **Nährwertgehalt** pro Portion (50 g = 1/4 Tüte): 237 kcal, 5 g Protein, 19 g Kohlenhydrate, 16 g Fett, 12 g Ballaststoffe

■ **Vorteile:** Sehr reich an sog. Mikronährstoffen (s.o.), günstige Fettzusammensetzung, viel Ballaststoffe

■ **Nachteile:** Große Verpackungseinheit, hoher Energie- und Fettgehalt

■ **Blutzuckeranstieg** nach Verzehr einer Portion (*Glyx*): ➚

Ein scharfer und würziger Salat mit Rindfleisch, Paprika, Tomaten und Erbsen in roter Tomatensauce. Perfekt kombiniert ist dieser Salat mit einem noch warmen Baguette (in die Nährwertberechnung unten jedoch nicht einbezogen). Der Teufel Salat selbst schmeckt warm auch hervorragend. Eine Salatschale mit 200 Gramm ist schon mehr als nur ein kleiner Snack. Dennoch sind die Nährwertdaten besser als bei vielen fettstrotzenden Majo-Salaten.

■ **Portionsgröße:** 1 Schale = 200 g

■ **Nährwertgehalt** pro Portion (200 g): 248 kcal, 7 g Protein, 27 g Kohlenhydrate, 12 g Fett, 3 g Ballaststoffe

■ **Vorteile:** Geringerer Fett- und Energiegehalt als viele Majo-Salate, gewisser Gemüse-Anteil

■ **Nachteile:** Wenn noch ein Baguette dazukommt, hat man bereits eine komplette Mahlzeit (Portionsgröße für einen Snack zu groß)

■ **Blutzuckeranstieg** nach Verzehr einer Portion (*Glyx*): ➚

Thunfischsalat mexikanisch

Ein mexikanisch gewürzter Thunfischsalat mit Kidney-Bohnen und Mais. Gibt es in Dosen mit 150 und 250 Gramm Inhalt. Ein idealer deftig-würziger Snack, der den Blutzuckerspiegel kaum ansteigen lässt. Der hohe Proteingehalt und das Gemüse machen gut satt. Hochseefisch ist eine gute Jodquelle.

■ **Portionsgröße:** Dosen à 150 und 250 g

■ **Nährwertgehalt** pro Portion (150 g): 219 kcal, 16 g Protein, 23 g Kohlenhydrate, 7 g Fett, 4 g Ballaststoffe

■ **Vorteile:** Viel Protein, hoher Jodgehalt, niedriger Fettgehalt, viel Ballaststoffe, sehr geringer Einfluss auf den Blutzuckerspiegel (*Glyx*), Thunfisch = keine Gräten

■ **Nachteile:** Kein Fingerfood (man braucht eine Gabel!)

■ **Blutzuckeranstieg** nach Verzehr einer Portion (*Glyx*): ➔

Eine 1908 vom Schweizer Chocolatier Theodor Tobler und seinem Mitarbeiter Emil Baumann entwickelte Schokoladenspezialität. Das Wort „Toblerone“ setzt sich aus „Tobler“ und „Torrone“, dem italienischen Wort für Honig-Mandel-Nugat, zusammen. Die klassische hellbraun verpackte Toblerone besteht aus Vollmilchschokolade mit kleinen Stücken Honig-Mandel-Nugat in der charakteristischen dreieckigen Form.

■ **Portionsgröße:** Unterschiedliche Verpackungseinheiten, von 12,5 g – 750 g

■ **Nährwertgehalt** pro Portion (1 einzeln verpackter Riegel à 35 g): 184 kcal, 2 g Protein, 21 g Kohlenhydrate, 10 g Fett, 1 g Ballaststoffe

■ **Vorteile:** 35 g sind noch eine günstige Portionsgröße, sie liegt in der Mitte zwischen kleinen Schokoriegeln und klassischen Schokoriegeln

■ **Nachteile:** Mehrfachpackungen bergen die Gefahr des Weiteressens

■ **Blutzuckeranstieg** nach Verzehr einer Portion (*Glyx*): ↗

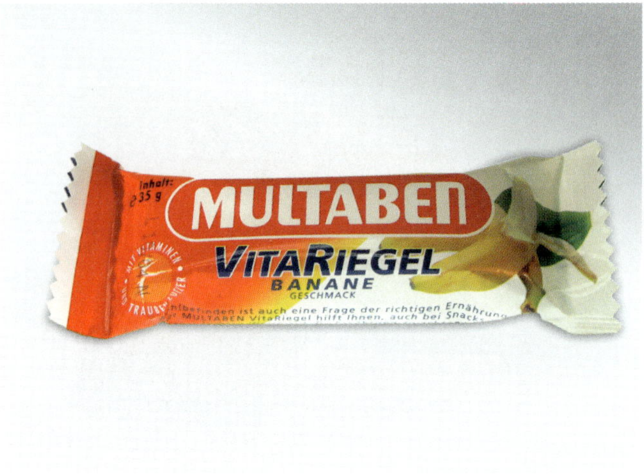

Ein Riegel mit Milcheiweiß-Fruchtfüllung und zusätzlichen Vitaminen, der von einer dünnen Schicht Schokolade umhüllt ist. Vitariegel von Multaben sind auch geschmacklich eine Alternative zu klassischen Schokoriegeln. Die Füllung ist fettärmer als die vieler Schokoriegel und enthält gleichzeitig mehr Protein. Zusätzlich sind Vitamine beigefügt. Mit einer Portionsgröße von 35 Gramm liegen Vita-Riegel noch unter der klassischer Schokoriegel (50 – 60 g). So bleibt der Energiegehalt im Rahmen.

■ **Portionsgröße:** 1 Riegel = 35 g

■ **Nährwertgehalt** pro Portion (35 g): 140 kcal, 7 g Protein, 18 g Kohlenhydrate, 5 g Fett, 1 g Ballaststoffe

■ **Vorteile:** Weniger Fett als Schokoriegel, noch günstige Portionsgröße, höherer Gehalt an Vitamin B1, B2, B6, E und C, höherer Proteingehalt, sättigt gut

■ **Nachteile:** Etwas teuer als Schokoriegel, liegt nicht im Süßwarenregal sondern bei „Diät und Sportlernahrung“

■ **Blutzuckeranstieg** nach Verzehr einer Portion (*Glyx*): ↗

Die frischen Beerenfrüchte der Weinrebe gibt es in vielen Farben von gelblich über grün bis hin zu dunkelrot, mit und ohne Kerne. Sie können frisch verzehrt, zu Wein vergoren oder zu Rosinen getrocknet werden. Weintrauben sind im Vergleich zu anderen Obstsorten sehr zuckerreich. Forscher haben jüngst festgestellt, dass in den Schalen roter Weintrauben enthaltene Polyphenole einer Verengung von Blutgefäßen entgegenwirken und so Arteriosklerose verhindern könnten. Das würde auch die günstige Wirkung von Rotwein erklären.

- **Portionsgröße:** Variabel, 2 Hände voll (125 g)

- **Nährwertgehalt** pro Portion (125 g): 88 kcal, 1 g Protein, 20 g Kohlenhydrate, 0 g Fett, 2 g Ballaststoffe

- **Vorteile:** Passen gut zu Käse, evtl. Arteriosklerose-Hemmung, sehr süß

- **Nachteile:** Werden sehr schnell weich, je nach Portionsgröße mäßiger-schneller Blutzuckeranstieg (*Glyx*), teilweise kernreich

- **Blutzuckeranstieg** nach Verzehr einer Portion (*Glyx*): ➚

Gewürztes und geräuchertes Brühwürstchen aus Rind- und Schweinefleisch, teilweise auch aus Kalbfleisch oder mit Geflügelfleisch. Wienerle sind nicht nur Klassiker für Kinder, sie können auch für Erwachsene eine passende Zwischenmahlzeit sein. Je nach Hersteller und Magerfleischanteil unterscheiden sich Würstchen verschiedener Hersteller im Nährwertgehalt. Würstchen mit Geflügelanteil sind meist etwas fettärmer. Schauen Sie auf die Verpackung oder fragen Sie Ihren Metzger.

■ **Portionsgröße:** Je nach Größe des Würstchens

■ **Nährwertgehalt** pro Portion (70 g = 1 mittelgroßes Würstchen): 215 kcal, 8 g Protein, 1 g Kohlenhydrate, 20 g Fett, 0 g Ballaststoffe

■ **Vorteile:** Praktisch kein Blutzuckeranstieg (*Glyx*), gute Eisenquelle, billig, gibt es bei jedem Metzger in jedem Supermarkt

■ **Nachteile:** Je nach Magerfleischanteil mittlerer bis hoher Fettgehalt, teilweise große Portionen, muss gekühlt werden

■ **Blutzuckeranstieg** nach Verzehr einer Portion (*Glyx*): ➔

Mini-Törtchen aus Biskuit mit Cremefüllung und Schokomantel. Gibt es in mehreren Geschmacksrichtungen: Kakao, Karamel und Nuss. Yes ist ein Mini-Stück Cremetorte mit Schokolade. Die Portionsgröße ist mit 38 Gramm allerdings weit günstiger als ein großes Tortenstück. Verglichen mit diesem ist ein Yes Torty zum Kaffee eine gute Wahl.

■ **Portionsgröße:** 1 Mini-Törtchen = 38 g

■ **Nährwertgehalt** pro Portion (38 g): 175 kcal, 2 g Protein, 20 g Kohlenhydrate, 10 g Fett, 0 g Ballaststoffe

■ **Vorteile:** Mini-Törtchen zum Mitnehmen, Portionsgröße noch im Rahmen, schmeckt gekühlt oder gar gefroren besonders gut (so auch als Dessert geeignet)

■ **Nachteile:** Leicht zu zerdrücken, wärmeempfindlich, Mehrfach-Packungen können zum Weiteressen verleiten, Fettgehalt nicht niedrig

■ **Blutzuckeranstieg** nach Verzehr einer Portion (*Glyx*): ➚

Das Trickteller-Experiment

Ende der 70er Jahre wurde an der Universität Göttingen ein spannendes Experiment gemacht. Die Ernährungspsychologische Forschungsstelle suchte Testesser zum Probieren von Suppe. Jeder Teilnehmer des Suppentests wurde in eine Testkabine gebeten. Hier wartete bereits ein Suppenteller mit heißer Suppe und einem Esslöffel. Aufgabe für die Teilnehmer war es, so viel Suppe zu verspeisen, bis sie satt waren. So begannen sie, Suppe zu essen. Was die Testesser nicht ahnten: Der Suppenteller hatte an seiner tiefsten Stelle ein Loch und war über einen dicken Schlauch mit einem großen Suppentopf hinter einer Trennwand verbunden. So lief die gerade gelöffelte Suppe fortwährend und unmerklich über den Schlauch wieder in den Teller nach.

Das Ergebnis war hochinteressant: Die verspeiste Suppen-Menge unterschied sich erheblich. Ein Teil der Testesser aß eine normale Menge Suppe und hörte dann auf zu essen, egal wie viel Suppe noch auf dem Teller war. Diese Testesser bezeichnet man als so genannte Innenreiz-abhängige Esser, deren Essmenge in erster Linie durch das Sättigungszentrum im Gehirn über die Botschaft „Ich bin jetzt satt. Bitte Essen einstellen!“ reguliert wird.

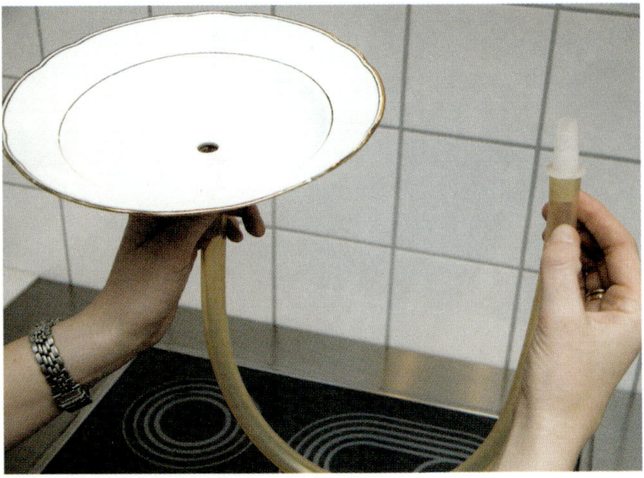

Der Trickteller

Der andere Teil der Testesser verhielt sich ganz anders. Diese Testesser hörten nicht auf das Stopp-Signal aus dem Gehirn, sondern versuchten stattdessen, ihren Teller leer zu essen. Da aber permanent Suppe aus dem großen Suppentopf nachlief, warteten sie auf dieses Stopp-Signal vergeblich und aßen wahre Unmengen an Suppe. So viel, dass ihnen teilweise schlecht wurde. Solche Esser bezeichnet man als Außenreiz-abhängige Esser, deren Essmenge durch die Menge auf dem Teller, in der Packung oder der Tüte bestimmt wird. Das Stopp-Signal ist der Außenreiz „leerer Teller" oder „leere Verpackung", nicht die innere Botschaft „Ich bin jetzt satt" aus dem Gehirn. Innere Signale von Hunger und Sättigung spielen meist nur noch eine untergeordnete Rolle. Übergewichtige sind zumeist solche Außenreiz-abhängigen Esser.

Für Außenreiz-abhängige Esser ist die Portionsgröße = Menge auf dem Teller/in der Tüte/in der Verpackung eine sehr kritische Größe, da sie über die Essmenge entscheidet. Auch viele Snacks werden heute aber in weit größeren Packungsgrößen angeboten als noch vor wenigen Jahren.

Das Motiv dahinter ist klar: Je größer die Packung, umso billiger ist der Inhalt pro 100 Gramm. Was ökonomisch zweifelsohne Sinn macht, kann für das Gewicht zum Problem werden, zumindest für Außenreiz-abhängige Esser.

Die Tütengröße entscheidet über die Essmenge: 100 oder 300 g

Beispiel Gummibärchen und Co.: vor 25 Jahren gab es Gummibärchen in Tüten zu 75 Gramm. Im Laufe der Jahre wurde die „normale“ Gummibärchentüte immer größer, erst 100, dann 125, 150, 175, 200 und heute oftmals 250 oder 300 Gramm. Selbst Tüten à 400 und 500 Gramm sind im Handel. Menschen mit Gewichtsproblemen stoppen meist erst, wenn der gesamte Tüteninhalt vertilgt ist. Die Tütengröße bestimmt, wie viel verzehrt wird: das bedeutet, dass diese Menschen eine aufgerissene Tüte nicht angefangen liegen lassen, sondern solange davon essen, bis alles weg ist – und zwar egal ob die Tüte 100 Gramm oder 300 Gramm und mehr enthält.

Wer dieses Problem von sich kennt, der sollte eher die kleineren Tüten kaufen, auch wenn sie schwieriger zu finden und etwas teurer sind. Die besten Chancen auf 100 g-Tüten bestehen an kleinen Kiosken und an Snack-Automaten, z.B. auf den Bahnsteigen. Gummibärchen sind allerdings fettfreie Süßigkeiten und für das Gewicht wenig problematisch, wenn sie nicht in Unmengen gegessen werden (siehe *Häufige Fragen* – Machen Kohlenhydrate überhaupt nicht dick?).

135 Gramm-Tüte: 14 Gramm Fett, 400 Gramm-Tüte: 40 Gramm Fett

Das Beispiel Gummibärchen lässt sich aber auch auf fetthaltige Süßwaren übertragen. Schoko-Karamellen mit Schokoüberzug können eine gute Alternative zu Schokolade sein. Sie enthalten etwa 10 Gramm Fett pro 100 Gramm, Schokolade mehr als 30 Gramm pro 100 Gramm. Wer eine Tafel Schokolade durch eine 135 Gramm-Tüte dieser Schoko-Bonbons ersetzt, spart ca. 20 Gramm Fett ein. Es gibt aber auch viel größere Packungen. Mit der Familienpackung von 400 Gramm spart man kein Fett mehr gegenüber einer Tafel Schokolade, sondern liegt sogar knapp 10 Gramm darüber.

Bei derartig großen Mengen beginnen auch die Kohlenhydrate, langsam ins Gewicht zu fallen. 400 Gramm Schoko-Karamellen liefern etwa 360 Gramm Kohlenhydrate. Wenn aus anderen Lebensmitteln noch etwas dazu kommt, ist man so schnell über einer Tagesmenge von 500 Gramm angelangt und die Umwandlung von Kohlenhydraten in Fett beginnt (siehe *Häufige Fragen* – Machen Kohlenhydrate überhaupt nicht dick? und Kann man mit weniger als 500 Gramm Kohlenhydraten am Tag auch zunehmen?). Mit einer kleinen Zwischenmahlzeit hat das nichts mehr zu tun.

Tafelschokoladen: In vielen Portionsgrößen im Handel

Auch klassische Schokolade gibt es in sehr unterschiedlichen Tafelgrößen: 40 Gramm, 100 Gramm, 200 Gramm, 300 Gramm und 400 Gramm. Seltener auch in Zwischengrößen (150 g, 250 g). Eine kleine Tafel von 40 Gramm enthält ca. 14 Gramm Fett, die 100er 32 Gramm, die 200er 64 Gramm, die 300er 96 Gramm und eine Tafel à 400 Gramm schließlich 128 Gramm Fett. Wer zu den Außenreiz-anhängigen Essern gehört, sollte keine großen Tafeln kaufen. Die neuen 40 Gramm-Tafeln sind dagegen fast ideal, wenn es unbedingt Schokolade sein muss. Einen kleinen Haken gibt es dennoch: Die kleinen Tafeln werden meist in 5er Packungen verkauft.

Tafeln à 40 Gramm können die bessere Alternative sein

Und da mag es manche geben, die zwar mit einer kleinen Tafel starten, aber weil sie wissen, dass sie noch 4 Tafeln im Schrank haben, Stück für Stück alle Tafeln nacheinander „vernichten". In diesem Fall wäre eine einzelne Tafel à 100 Gramm die bessere Alternative gewesen ... Die richtig kleinen Täfelchen unter 20 Gramm dürften oft das gleiche Schicksal erleiden, weil es sie ausschließlich in vielfacher Stückzahl auf einmal gibt.

Schokolinsen: Die Portionsgröße unterscheidet sich um viele Hundert Prozent (14 – 150 g)

Das Problem mit der zunehmenden Portionsgröße ist bei weitem nicht auf Süßwaren beschränkt, sondern auf alle Snacks im Prinzip übertragbar. Nicht relevant ist es bei Lebensmitteln, die typischerweise nicht pur verzehrt werden: z.B. Butter, Räucherspeck, Olivenöl. Hier kaufen wir zwar große Mengen ein, niemand aber käme auf die Idee, ein Stück Butter pur auf einmal zu essen, nur weil es angebrochen ist.

Auch bei Pizza ist die Portionsgröße entscheidend

Sehr relevant dagegen ist die Betrachtung der Portionsgröße bei Fertiggerichten, z.B. aus dem Konservenregal oder den Kühltruhen. Tiefkühlpizza gibt es in vielen verschiedenen Portionsgrößen von etwa 250 bis 1000 Gramm. Die Gesamtfett- und Energiemenge wie auch der *Glyx* einer Pizza hängt entscheidend vom prozentualen Fettgehalt UND der Portionsgröße in Gramm ab. Bei 300 Gramm-Pizzen muss man den angegebenen Fettgehalt pro 100 Gramm mit 3 multiplizieren, um auf den Gesamtfettgehalt der Pizza zu kommen, bei 500 Gramm-Pizzen schon mit 5 und bei 1000 Gramm-Pizzen gar mit 10. Auch wenn Pizza in dieser Größenordnung kein klassischer Snack mehr ist, so lässt sich das Beispiel auch auf viele andere Fertiggerichte übertragen.

Milchprodukte gibt es ebenfalls in sehr unterschiedlichen Portionsgrößen. Bei den größeren Bechern ist Zurückhaltung geboten, wenn es sich um eine höhere Fettstufe (z.B. Sahnestufe) handelt. Dann sind kleinere Portionen die weit bessere Alternative. Wer den *Glyx* kontrollieren möchte, fährt mit dieser Regel ebenfalls gut, denn natürlich steigt auch die Kohlenhydratmenge mit steigender Portionsgröße an.

Mousse au Chocolat: 22,5 Gramm Fett (250 g Becher)
bzw. 5,2 Gramm Fett (57,5 g Becher)

Speiseeis ist ein prima Snack, wenn man die Portionsgröße klug wählt. Besonders wer die fettreichen Eiscremes bevorzugt, kann so Fettfallen vermeiden. Eine Packung mit 1000 ml verführt zum Nachschlag nehmen, nur „weil noch etwas da ist". Die Portionspackung mit 200 ml wäre die bessere Alternative.

200 ml Vanilleeis: ca. 17 g Fett, 1000 ml: ca. 85 g Fett

Hier haben wir mögliche Fragen und deren Antworten rund um die Themen Nährwertinformation, Fettgehalt, Zucker und Kohlenhydrate, *glykämische Ladung* (*Glyx*), Kochen, Fastfood sowie Übergewicht für Sie zusammengestellt.

Zu den Nährwertinformationen im Buch

Woher stammen die Nährwertinformationen von den Snacks im Buch?

Dafür gibt es verschiedene Quellen: Zum einen Nährwertinformationen auf der Packung. Manche Hersteller veröffentlichen solche Daten auch auf der hauseigenen Internetseite unter „Produkte". Spezielle gedruckte Nährwerttabellen sind gute Nachschlagewerke für die wichtigsten Lebensmittel, z.B. *Kalorien mundgerecht* (siehe *Lesetipps*). Auch wissenschaftliche Datenbanken wie das Buch von *Souci-Fachmann-Kraut* (Wiss. Verlagsgesellschaft Stuttgart) oder der *Bundeslebensmittelschlüssel (BLS 2.3)* wurden herangezogen. Bitte beachten Sie, dass hier trotz sehr sorgfältiger Recherche Fehler/Druckfehler nicht komplett ausgeschlossen sind. Auf die Angaben kann keine Gewähr übernommen werden.

Woher stammen die Angaben über den Blutzuckeranstieg (Glyx) im Buch?

Diese wurden hauptsächlich aus den Tabellen von Jennie Brand-Miller aus Australien abgeleitet (siehe *Lesetipps*). Wissenschaftlich kontrollierte Tabellen mit dem *glykämischen Index* und der *glykämischen Ladung* pro Portion speziell für deutsche Lebensmittel gibt es noch nicht für eine ausreichende Anzahl von Lebensmitteln. Die Klassifikation eines Snacks in praktisch kein (➔), langsamer-mittlerer (➚)

und hoher *Glyx* (🡅) wurde abhängig von der Portionsgröße näherungsweise vorgenommen. Für viele fertige Lebensmittel gibt es keine genauen Daten zum *glykämischen Index* (GI). In diesem Fall wurde der GI anhand der Zutaten und ähnlicher Lebensmittel geschätzt.

Neben dem *glykämischen Index* und der portionsgrößenbezogenen Einheit *glykämische Ladung* hat auch die Essgeschwindigkeit einen starken Einfluss auf den Blutzuckeranstieg. Je langsamer eine Portion verspeist wird, um so geringer der Blutzuckeranstieg. Besonders bei Lebensmitteln mit großem Volumen und starker Kauarbeit dauert das Essen länger, daher ist die Geschwindigkeit des Blutzuckeranstiegs geringer. Auch dies ist in die Klassifikation im Buch mit einbezogen.

Weitere Informationen zum *glykämischen Index* und zur Berechnung der *glykämischen Ladung* finden Sie unter den gleichnamigen Fragen.

Thema Fett

Ganz ohne Fett schmeckt es doch nicht!

Richtig, denn Fett ist ein wichtiger Geschmacksträger. „Ganz ohne Fett" ist auch die völlig falsche Botschaft. Es geht allein um etwa 1/3 weniger Fett: 40-70 Gramm Fett für Frauen, 60-90 Gramm für Männer. Das ist immer noch ausreichend, so dass Geschmack und Genuss nicht leiden müssen. Bei manchen Lebensmitteln schmeckt es sogar besser, wenn weniger Fett enthalten ist: Eine fettarme Leberwurst (ca. 24% Fett) enthält mehr qualitativ hochwertiges mageres Fleisch und schmeckt sogar besser als eine „einfache" Leberwurst mit hohem Schwarten- und Speckanteil (ca. 40 % Fett).

Macht Fett nicht besonders gut satt?

Fett macht satt. Aber Kohlenhydrate und Eiweiß machen noch satter! Fairerweise muss man die sättigende Wirkung eines Nährstoffs ins Verhältnis zu seinem Energiegehalt setzen: 100 Gramm reines Fett (z.B. aus 160 g Haselnüssen) macht zwar ganz gut satt, liefert dafür aber 900 Kalorien. 100 Gramm Kohlenhydrate (z.B. in 400 g gekochten Nudeln mit Tomatensauce) machen auch richtig satt, dieses Sattheitsgefühl gibt es aber schon für 400 Kalorien. Schließlich sättigen 100 Gramm Eiweiß (z.B. aus ca. 1 Pfund gegrillten Putenfilets) hervorragend und schlagen wie die Kohlenhydrate nur mit etwa 400 Kalorien zu Buche. Vergleicht man die Sättigungswirkung pro Kalorie, dann machen Eiweiß und Kohlenhydrate um einiges besser satt als Fett.

Manche Lebensmittel werden als fettarm bezeichnet, obwohl sie immer noch recht viel Fett enthalten.

Das ist richtig. Nehmen wir eine fettarme Leberwurst. Sie hat noch immer über 20 % Fett, dennoch enthält sie ca. 40 % weniger Fett als eine normale Leberwurstsorte („einfach"). Im Vergleich dazu ist fettarme Leberwurst eine gute Alternative und kann beim Fettsparen helfen. Der Vergleich mit dem normal fetthaltigen Lebensmittel entscheidet, ob ein Lebensmittel als fettarme Alternative bezeichnet wird.

Isst man von den fettarmen Lebensmitteln nicht viel mehr als von den normalen Sorten?

Wenn man Menschen beliebig von fettarmen Lebensmitteln essen lässt, dann essen sie tatsächlich etwas mehr von diesen Lebensmitteln als vorher. Weil sie aber gleichzeitig durch die fettarmen Lebensmittel Energie einsparen, nehmen sie unterm Strich weniger Energie zu sich. Ein Beispiel: Wer statt 100 Gramm Weichkäse mit 60 % Fett i. Tr. (= 380 Kalorien) 125 g fettarmen Weichkäse mit 30 % Fett i. Tr. (= 268 Kalorien) isst, spart trotz größerer Menge 30 % Kalorien ein. Fettarme Lebensmittel machen pro Kalorie besser satt als fettreiche. Daher essen die Menschen - wenn überhaupt - nur geringfügig mehr und nicht die doppelte oder dreifache Menge.

Macht es einen Unterschied, welches Fett ich esse: gesättigtes, einfach ungesättigtes oder mehrfach ungesättigtes?

Für Übergewicht ist es zunächst unerheblich, ob die Fettsäuren aus dem verspeisten Fett gesättigt, einfach ungesättigt oder mehrfach ungesättigt sind. Ungesättigte Fettsäuren aus pflanzlichen Lebensmitteln und Seefischen sind aber günstiger für das Herz-Kreislaufsystem als gesättigte

Fettsäuren aus Lebensmitteln tierischen Ursprungs oder aus gehärteten pflanzlichen Fetten. Studien an der Universität Göttingen haben gezeigt, dass Versuchsteilnehmer besonders viel (weniger erwünschte) gesättigte Fettsäuren einsparen, wenn sie beginnen, generell fettärmer zu essen. Insbesondere bei Wurst, Käse und Milchprodukten werden durch fettärmere Auswahl quasi automatisch viel gesättigte Fettsäuren eingespart. Snacks die besonders viele günstige einfach oder mehrfach ungesättigte Fettsäuren enthalten, sind bei *Vorteile* entsprechend gewürdigt.

Angeblich essen die Menschen schon weniger Fett als früher. Warum werden sie trotzdem immer dicker?

Das ist in der Tat eine interessante Beobachtung aus Amerika. Der Fettverzehr steigt dort nicht weiter an, geht im Durchschnitt sogar ganz leicht zurück und dennoch werden die Menschen im Schnitt immer dicker. Dieser Widerspruch hat seine Ursache in einer starken Abnahme der körperlichen Aktivität im gleichen Zeitraum. Normalerweise führt ein Rückgang der Energieaufnahme, z.B. durch den Verzehr von weniger Fett, zu einer Gewichtsabnahme. Wenn aber im gleichen Zeitraum der Energieverbrauch durch eine drastisch gesunkene körperliche Aktivität noch stärker zurückgeht, nehmen die Menschen trotzdem zu. Die Gewichtszunahme wäre freilich weit stärker ausgefallen, wenn die Energieaufnahme im gleichen Zeitraum gleich geblieben oder noch weiter angestiegen wäre. Energieaufnahme und Energieverbrauch kann man nicht unabhängig voneinander betrachten, es kommt immer auf die Energiebilanz an.

Macht Kalorienzählen nicht mehr Sinn?

Nein. Kalorienzählen überfordert die Menschen schlichtweg. Alles Verspeiste und Getrunkene muss gezählt werden: Vom Radieschen bis zur Schweinshaxe, von der Light-Limonade bis zum Schnaps. Menschen, die Kalorien zählen, essen immer mit einem schlechten Gewissen, da jeder Bissen das Kalorienkonto füllt. So verwundert es wenig, dass die meisten Kalorienzähler nicht lange durchhalten. Die dänischen Forscher Sören Toubro und Arne Astrup haben gezeigt, dass Kalorienzählen eine schlechte Langzeitstrategie zum Halten des Gewichts ist. Die dänischen Versuchsteilnehmer haben mit Kalorienzählen 87 % des Gewichts wieder zugenommen, das sie 2 Jahre zuvor abgenommen hatten. Weitaus besser hingegen konnten jene Versuchsteilnehmer ihr Gewicht halten, die lediglich fettbewusst gegessen haben. Sie hatten nach 2 Jahren gerade 42 % der abgenommenen Kilos wieder zugelegt. Wäre noch eine Portion Bewegung hinzugekommen, hätten diese Versuchsteilnehmer wahrscheinlich nicht oder kaum zugenommen.

Was ist mit Alkohol?

Alkoholische Getränke enthalten kein Fett. Das ist zunächst eine gute Nachricht. Dennoch können sie für die Figur zum Problem werden. Der Körper kann Alkohol nicht speichern. Alkohol, der getrunken wird, muss verbrannt werden, sonst kommt es zur Alkoholvergiftung. Normalerweise verbrennt der Körper alle drei Hauptnährstoffe parallel: Kohlenhydrate, Fett und Eiweiß. Wenn Alkohol getrunken wird, kommt er als vierter Brennstoff hinzu. Wird viel Alkohol getrunken, benutzt ihn der Körper gar als Hauptbrennstoff. Alkohol aber hemmt die Verbrennung von Fett. Während der Körper die Alkoholenergie verbrennt, verbrennt er kaum noch Fett. Er spart das Fett ein und lagert es an Bauch und Hüften an. Was bedeutet dies für die Praxis: Der Alkohol muss in die Fettbilanz eingerechnet werden. Das gilt besonders bei größeren Mengen. Bei einem Glas Wein (125 ml) am Tag oder einer Flasche Bier (330 ml) bleibt genügend Spielraum für Fett aus anderen Lebensmitteln.

Soviel Fett wird beim Genuss dieser alkoholischen Getränke nicht verbrannt

Manche wissenschaftlichen Studien haben gezeigt, dass Alkohol – und ganz besonders dann, wenn er aus einem Glas Rotwein stammt – durchaus positive gesundheitliche Auswirkungen haben kann. Das Herzinfarktrisiko sinkt. Dies gilt schon für Alkoholmengen von einer Flasche Bier oder einem Glas Wein. Viel Alkohol dagegen kann fett machen und Lebererkrankungen auslösen.

Thema Zucker und Kohlenhydrate

Macht Zucker dick?

Das Vorurteil, Zucker mache dick, ist zwar populär, aber falsch! Im Gegenteil, ein verstärkter Verzehr von Kohlenhydraten in Form von Stärke und Zucker ist eher mit einem niedrigeren Gewicht verbunden. Die Menschen, die jedes Gramm Zucker sparen, verzehren oft überdurchschnittlich viel Fett. Und das ist für das Gewicht ungünstiger. Kohlenhydrate und Fette haben eine unterschiedliche Funktion im Körper: Kohlenhydrate, Stärke und Zucker werden bevorzugt verbrannt, Fett kann gespeichert werden. Eine wissenschaftliche Studie an der Universität Göttingen hat gezeigt, dass eine gewisse Menge Zucker kein Problem für die Figur darstellt und sogar Stimmung und Wohlbefinden positiv beeinflusst.

Machen Kohlenhydrate überhaupt nicht dick?

Unter normalen Umständen ist es tatsächlich so. Die Menschen in Westeuropa werden deshalb dicker, weil sie Tag für Tag etwas mehr Fett essen, als der Körper verbrennen kann. Dieses Fett wird gespeichert und summiert sich über Monate und Jahre zu stattlichen Fettpolstern. Die Kohlenhydrate, die in der gleichen Zeit gegessen werden, werden in der Regel verbrannt und nicht in Fett umgewandelt. Gleiches gilt für Protein (Eiweiß) und Alkohol. Wenn jedoch extreme Mengen Kohlenhydrate am Tag verspeist werden, täglich mehr als ca. 500 Gramm, dann kommt es binnen weniger Tage zur vollständigen Auslastung der Kohlenhydratverbrennung. Mehr als 500 Gramm Kohlenhydrate am Tag schafft der Körper nicht zu verbrennen, es sei denn, wir sind körperlich sehr aktiv. Bei Inaktiven läuft etwa bei dieser täglichen Menge die Kohlenhydratverbrennung über, d.h. alle über die Menge von 500 Gramm hinaus verspeisten Kohlenhydrate werden in Fett umgebaut und gespeichert. Um 500 Gramm Kohlenhydrate am Tag aufzunehmen, muss man jedoch „Berge“ verspeisen: 2,5 kg Kartoffeln, 700 Gramm trockene Nudeln (gekocht mehr als 2 kg), 20 kg Blumenkohl, 1 kg Brot.

Mit konzentrierten Kohlenhydraten ist es etwas leichter, diese Menge zu erreichen: etwa mit ca. 700 Gramm (!) Fruchtgummis oder Lakritz. In flüssiger Form müsste man 4-5 Liter Limo, Cola, Apfel- oder Orangensaft trinken, um auf ca. 500 Gramm reine Kohlenhydrate zu kommen. Natürlich erreicht man diese Menge auch durch Kombination von „flüssigen“ und „festen“ Kohlenhydraten.

Kann man mit weniger als 500 Gramm Kohlenhydraten am Tag auch zunehmen?

Ja, das geht leider auch. Die Grenze von ca. 500 Gramm Kohlenhydratverbrennung am Tag gilt zunächst für inaktive gesunde junge Männer. Bei inaktiven Frauen und älteren Menschen kann die Grenze auch darunter, z.B. bei 400 Gramm am Tag, liegen. Kohlenhydrate in dieser Größenordnung werden verbrannt, aber was passiert mit den gleichzeitig verspeisten Kalorien aus Protein (Eiweiß) und Fett? Wenn der Körper bei sehr kohlenhydratreicher Nahrung fast vollständig auf Kohlenhydratflamme läuft, verbrennt er gleichzeitig zwar noch die geringen verzehrten Proteinmengen, jedoch praktisch kein Fett mehr. Das mit den vielen Kohlenhydraten zusammen verspeiste Fett würde also nicht für die Energiebereitstellung benötigt und könnte für die nächste Notzeit gespeichert werden. Eine Gewichtszunahme wäre die Folge. Diese Gewichtszunahme wäre umso größer, je mehr Fett zusammen mit großen Kohlenhydratmengen gegessen würde.

Thema glykämischer Index und glxkämische Ladung (Glyx)

Was bedeutet der glykämische Index?

Der *glykämische Index* (GI) ist ein Messwert für die Geschwindigkeit des Blutzuckeranstiegs für eine standardisierte Kohlenhydratmenge aus einem bestimmten Nahrungsmittel. Beispiel: Wenn man 100 Gramm Kohlenhydrate aus Traubenzucker verzehrt, ist der Blutzuckeranstieg rasch und der *glykämische Index* hoch (100). Wenn man 100 Gramm Kohlenhydrate aus Bohnen verzehrt, ist der Blutzuckeranstieg langsam und der *glykämische Index* niedrig (30), weil die Aufschlüsselung der Kohlenhydrate im Magen und Darm deutlich länger dauert. Der GI ist jedoch ein wenig praxisrelevanter Wert, da er genau auf 100 Gramm Kohlenhydrate standardisiert ist, von vielen Lebensmitteln aber nicht genau eine derartige Menge verzehrt wird. So müsste man fast 2 kg Erdbeeren verzehren, um auf die gleiche Kohlenhydratmenge zu kommen wie im obigen Traubenzucker-Beispiel. Außerdem wird der GI einzelner Lebensmittel in kompletten Mahlzeiten in einer kaum vorhersagbaren Richtung verändert. In der Praxis ist die Einheit *glykämische Ladung* etwas besser geeignet, da sie die tatsächliche Portionsgröße berücksichtigt.

Was bedeutet der Glyx?

Der *Glyx* ist ein Maß für die *glykämische Ladung* einer Mahlzeit. Die *glykämische Ladung* kann man aus dem *glykämischen Index* (s.o.), multipliziert mit dem Kohlenhydratgehalt der tatsächlichen Portion, geteilt durch 100 errechnen. So beschreibt die Einheit *Glyx* oder *glykämische Ladung* (*englisch glycemic load*) die Potenz eines beliebigen Lebensmittels, den Blutzucker zu erhöhen. Allerdings wird auch der *Glyx* erheblich durch Kombination verschiedener Lebensmittel beeinflusst, da die Kombination den zugrunde liegenden GI der Einzelkomponenten stark verändert.

Was ist wichtiger, der Glyx oder der Fettgehalt?

Dies ist eine der gegenwärtig am häufigsten gestellten Fragen. Es gibt nur wenige Studien zur Bedeutung der *glykämischen Ladung* für Gesundheit und Gewicht. Einige dieser Untersuchungen ergeben Hinweise darauf, dass auch die *glykämische Ladung* das Risiko beeinflusst, einen Diabetes oder Übergewicht zu bekommen. Je höher die *glykämische Ladung*, umso höher ist das Risiko, so zeigen diese ersten Untersuchungen. Auf der anderen Seite gibt es sehr viele Studien, die zeigen, dass Menschen gesundheitlich von einer Normalisierung des Fettverzehrs auf 60 – 80 Gramm am Tag profitieren. Dies gilt besonders für Übergewichtige, die meist weit mehr als 100 Gramm Fett am Tag essen. Kurzfristig lässt sich mit einer Normalisierung des Fettverzehrs allein zwar keine große Gewichtsabnahme erreichen. Hier spielen die Bewegung aber auch Kohlenhydrate und Alkohol ebenfalls eine wichtige Rolle. Für das langfristige Halten des Gewichts ist die alleinige Fettnormalisierung jedoch am wirkungsvollsten, weil sie besser durchhaltbar und mit weniger Einschränkungen verbunden ist als z.B. das Kalorienzählen. Ob eine Kontrolle der *glykämischen Ladung* zu ebensolchen oder gar besseren Langzeiterfolgen auf der Waage führt, ist aufgrund komplett fehlender Studien zurzeit nicht zu beantworten. Die Fettreduktion bzw. Fettnormalisierung ist daher im Moment die Langzeitstrategie der Wahl. Menschen, die bereits Diabetes haben, sollten aber auch auf den *Glyx* schauen. Das gilt besonders für Snacks. Ein Lebensmittel mit einem höheren *Glyx* innerhalb einer größeren Mahlzeit ist dagegen weniger problematisch.

Wie wichtig ist die gewählte Portionsgröße?

Fast noch wichtiger als Fettgehalt und *Glyx* ist das Problem deutlich zunehmender Portionsgrößen. Hohe Portionsgrößen beeinflussen die Regulation der Nahrungsmenge stark. Dies betrifft sowohl den Fett- und Energiegehalt als auch die *glykämische Ladung*. In Die 100 besten Snacks ist daher ein ganzes Kapitel diesem Thema gewidmet *(Achtung Portionsgröße!)* und bei der Beschreibung der einzelnen Snacks wird immer wieder auf die Portionsgröße eingegangen.

Wo kann ich den Glyx nachschlagen?

Die *glykämische Ladung* lässt sich heute schon in manchen Nährwerttabellen nachschlagen, so im Buch von Jennie Brand-Miller aus Australien (siehe *Lesetipps*). Es sei an dieser Stelle noch einmal darauf hingewiesen, dass unter Alltagsbedingungen, d.h. bei Kombination verschiedener Nahrungskomponenten, die unter Laborbedingungen bestimmten Tabellenwerte stark verändert werden können. Es gibt auch erhebliche Schwankungen von Mensch zu Mensch und Rasse zu Rasse in der Reaktion auf eine Kohlenhydratbelastung. Aktuelle Daten zum GI von deutschen Lebensmitteln und daraus abgeleitete Werte für den *Glyx* pro Portion gibt es kaum.

Thema Kochen, Einkaufen, Fast-Food, probiotische Lebensmittel

Ich koche auch gern zu Hause. Welches Kochbuch empfehlen Sie?

Wenn Sie oft und gern zu Hause kochen, dann empfehlen Ihnen die Autoren das neue Kochbuch *So kriegst Du Dein Fett weg – Fettarm kochen mit Ewald Braden* als hervorragende Ergänzung (siehe *Lesetipps*). Alltagsrezepte mit viel Geschmack aber Augenmaß beim Fett.

Soll ich auf Fastfood verzichten?

Trend ist, dass auch die Menschen in Deutschland immer öfter Fastfood als Snack oder Hauptmahlzeit verspeisen. Richtig ist, dass gerade Fastfood wie Burger und Pizza oft sehr fettreich und eher nicht figurfreundlich ist. Falsch ist jedoch, dass man daher darauf komplett verzichten muss. Wer selten Fastfood verspeist, kann wählen, was er möchte. Wer hingegen mehrmals in der Woche oder gar täglich schnelles Essen bevorzugt, der muss klug auswählen, um nicht die gesamte Energie für den Tag allein durch ein einziges Fastfood-Menü zu verspeisen. Einige Fastfood-Lebensmittel finden Sie im Buch beschrieben, so lange deren Portionsgröße noch als „Snack“ durchgeht.

Ich esse gerne und oft im Fastfood-Restaurant, was soll ich wählen?

Nur Menüs in der normalen Größe wählen (nicht mega, large, XXL, big etc.), Burger mit roter Sauce statt Majo-Sauce bevorzugen, bei Pommes nur eine kleine Portion wählen (siehe auch Pommes frites), Pizza mit Schinken oder Gemüse bevorzugen ... Viel mehr Tipps stehen in einem eigenen

Fastfood-Führer: *Fettfalle Fastfood – finden Sie die fettarmen Alternativen.* Das Buch zeigt die figurfreundlichen Alternativen in den verschiedenen Fastfood-Restaurants, damit Fastfood nicht zum Fettfood wird. Schauen Sie am besten unter *Lesetipps*, dort finden Sie alle Details zu *Fettfalle Fastfood.*

Wo gibt es weitere Tipps zum richtigen Einkauf im Supermarkt?

Das Buch *Fettfalle Supermarkt – finden Sie die fettarmen Alternativen* ist ein kompletter Einkaufsführer für den Supermarkt. Regal für Regal werden die schlanken Alternativen mit vielen Bildbeispielen vorgestellt. Mehr über *Fettfalle Supermarkt* steht auch in *Lesetipps.*

Was sind probiotische Lebensmittel?

Probiotische Lebensmittel enthalten Bakterien, die im menschlichen Körper günstige Eigenschaften haben. Solche Bakterien beeinflussen z.B. die Verdauung günstig oder stabilisieren die körpereignen Abwehrkräfte gegen Atemwegsinfektionen. Bestimmte Milchsäurebakterien haben z.B. solche Eigenschaften.

Was sind präbiotische Lebensmittel?

Präbiotische Lebensmittel enthalten selbst keine lebenden Bakterien, sondern stattdessen Nährstoffe für die körpereignen Bakterien, damit diese besser „arbeiten“ können. Das Kohlenhydrat Inulin gehört z.B. in diese Gruppe.

Thema Übergewicht

Wann ist man eigentlich zu dick?

Die simple Feststellung „wenn man mehr wiegt als das Normalgewicht" greift im Einzelfall nicht. Ein Bodybuilder wiegt weit mehr als das Normalgewicht, niemand jedoch würde ihn als übergewichtig bezeichnen. Übergewicht meint schon, „mehr als das Normalgewicht" auf die Waage zu bringen, dies aber maßgeblich in Form von Körperfett, nicht aber als Muskulatur.

Was ist überhaupt das „Normalgewicht" eines Menschen? Der Begriff Normalgewicht wurde jahrzehntelang nach der Formel von Broca berechnet: Körpergröße in cm minus 100 = Normalgewicht in kg. Diese Formel ist zwar einfach und griffig, aber wenig genau und im Einzelfall unfair. Jeder 170 cm große Mensch müsste hiernach 70 kg als Normalgewicht wiegen. Die Broca-Formel berücksichtigt die normale Spannbreite der biologischen Konstitutionstypen nicht. Große wissenschaftliche Studien haben auch gezeigt, dass der Zusammenhang des echten Körperfettanteils eines Menschen mit den Gewichtsklassen nach Broca nur schwach ist.

Es gibt aber einen fairen und besseren Gewichtsindex, der heute zur Einteilung von Untergewicht, Normalgewicht und Übergewicht verwendet wird: Der Body Mass Index (BMI). Zur Berechnung des BMI wird das Gewicht in kg zweimal durch die Körpergröße (in Meter) geteilt:

$$\text{z. B. } 70\text{ kg} : 1{,}7\text{ m} : 1{,}7\text{ m} = 24{,}2\text{ kg/m}^2$$

Die Einteilung nach BMI hat relativ weite Bereiche für Untergewicht, Normalgewicht und die unterschiedlichen Formen von Übergewicht. Ein BMI von 18,5 bis 25 ist normal, von 25 bis 30 spricht man von Übergewicht und jenseits von 30 von Adipositas (= krankhaftes Übergewicht) in seinen unterschiedlichen Schweregraden *(Tabelle)*.

Klassifikation	BMI = kg/m2	Beispiel: Frau/ Mann Größe 1,70 m
Untergewicht	< 18,5	< 53,5 kg
Normalgewicht	18,5 - 25	53,5 - 72,0 kg
Übergewicht	25 - 30	72,1 - 86,4 kg
Adipositas Grad I	30 - 35	86,5 - 100,9 kg
Adipositas Grad II	35 - 40	101,0 - 115,3 kg
Adipositas Grad III	> 40	> 115,4 kg

Im Internet kann man auf der Seite www.mybmi.de übrigens seinen eigenen BMI ausrechnen lassen. Diese Seite der Arbeitsgemeinschaft Adipositas im Kindesalter erlaubt auch, den BMI für Kinder zu berechnen und einzuordnen.

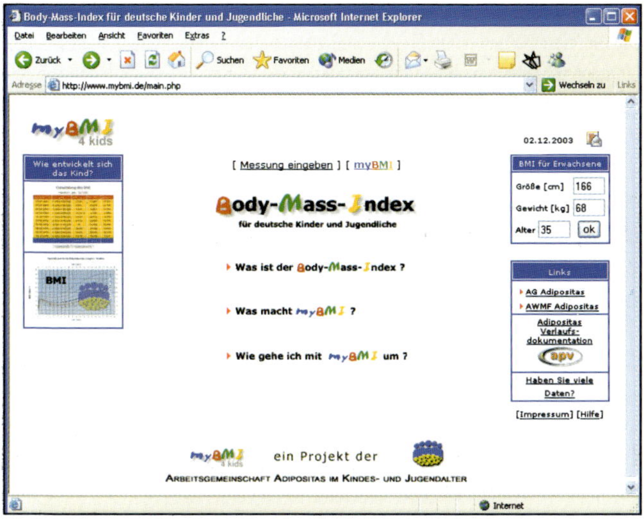

Unter www.mybmi.de können Sie den BMI von Erwachsenen und Kindern berechnen und bewerten lassen

Wer muss abnehmen, wer nicht?

Menschen mit einem BMI bis 25 müssen – zumindest aus medizinischer Sicht – nicht abnehmen. Sie haben Normalgewicht und sollten vor allem darauf achten, ihr Gewicht zu halten und nicht zuzunehmen. Liegt der BMI zwischen 25 und 30 (Übergewicht), so steht auch hier zunächst das Halten des Gewichts im Vordergrund. Wenn bereits Begleiterkrankungen des Übergewichts vorliegen, die durch eine Gewichtsabnahme gebessert werden können, sollten Menschen in dieser Gewichtskategorie abnehmen. Aber auch dann, wenn sie sich durch das Übergewicht nicht wohl fühlen (sog. psychosozialer Leidensdruck). Liegt der BMI allerdings über 30, dann ist das Risiko für viele Begleiterkrankungen (z.B. Diabetes Typ 2, Gelenkbeschwerden) so hoch, dass eine Gewichtsabnahme generell empfohlen wird.

Welchen Einfluss hat die Vererbung auf das Gewicht?

Am Ende des 2. Weltkriegs gab es in Deutschland praktisch keine übergewichtigen Menschen. Die Gene und damit die Veranlagung zu Übergewicht haben sich in den letzten 55 Jahren nicht geändert. Dennoch sind die Menschen heute dicker denn je! Das Problem Übergewicht muss also etwas mit unseren heutigen Lebensbedingungen zu tun haben. Ganz klar: Fettreiches Essen im Überfluss und viel weniger körperliche Aktivität sind die Ursachen. Wer etwas ändern will, packt das Problem am besten von beiden Seiten gleichzeitig an. Eines aber geben die Gene doch mit auf den Weg: den Spielraum jedes Menschen, sein Gewicht zu beeinflussen. Stark Übergewichtige („Adipöse") haben weniger Spielraum als manch Normalgewichtiger. Für einen Menschen mit 140 kg kann es ein großer Erfolg sein, 10 oder 20 kg abzunehmen, selbst wenn er dann noch um einiges von seinem Normalgewicht entfernt ist.

Ich kenne ein übergewichtiges Kind von 8-12 Jahren. Ist eine Diät zu empfehlen?

Nein, denn für Kinder dieser Altersgruppe gibt es bedürfnisgerechtere Ansätze als Diäten. Sind Kinder übergewichtig, so liegt dies oft an fehlender Bewegung, aber auch an zu viel Fett im Essen. Genau an dieser Stelle setzt ein Trainingsprogramm speziell für übergewichtige Kids von 8 bis 12 Jahren an: *Das PowerKids-Programm*. Hier läuft alles ohne Diätpläne und starre Vorschriften. Kinder und Eltern spielen das Programm 12 Wochen lang zu Hause. Mehr Information zum Programm gibt es unter www.powerkids.de und unter *Lesetipps*.

Ich muss viel abnehmen, was kann ich tun?

Wer stark übergewichtig („adipös") ist und aus medizinischen Gründen viel abnehmen muss, kann zusätzlich auch von Medikamenten zur Gewichtsabnahme oder standardisierten Trinkdiäten (sog. Formula-Diäten) profitieren, die im Rahmen professioneller Therapieprogramme in Arztpraxen oder spezialisierten Therapiezentren (mit medizinischer, diätetischer, psychologischer und bewegungstherapeutischer Behandlung) eingesetzt werden. Solche Programme dauern mindestens 6, besser 12 Monate oder mehr.

Fettfalle Fastfood - Finden Sie die fettarmen Alternativen.
Von Dr. med. Thomas Ellrott und Birgit Ellrott.
Umschau Buchverlag 2001

Damit schnelles Essen nicht zur Gefahr für die Figur wird. Ihr Führer durch den Fastfood-Dschungel. Fettfalle Fastfood zeigt bei den beliebtesten Fastfood-Ketten, was Sie am besten bestellen sollten.

Fettfalle Supermarkt - Finden Sie die fettarmen Alternativen.
Von Dr. med. Thomas Ellrott und Birgit Ellrott.
2. Auflage.
Umschau Buchverlag 2003

Ihr bebilderter Einkaufsführer für den Supermarkt. Regal für Regal werden die Fettfallen entlarvt und Sie bekommen die besten Tipps für den klugen Einkauf.

Kalorien mundgerecht
12. Auflage,
Umschau Buchverlag 2003

Fett- und Nährwertgehalte für viele Tausend Lebensmittel mit Handelsnamen! Das Standardwerk zum Nachschlagen.

So kriegst Du Dein Fett weg.
Fettarm kochen mit
Ewald Braden.
Hampp Verlag 2003

Der Gourmet-Koch Ewald Braden aus Baden-Württemberg hat viele Rezepte überprüft und Fett nur da gespart, wo es für den Geschmack nicht notwendig war. Das Resultat: Man merkt bei seinen Rezepten nicht einmal, dass sie weniger Fett enthalten.

Die Gute Laune Diät.
Von Dr. med. Thomas Ellrott.
Umschau Buchverlag 2004

Ein 8 Wochen-Programm, das etwa 10 Pfund auf der Waage bringt. Das Beste: Sie müssen nicht einmal auf Süßigkeiten und Snacks verzichten. Die Gute Laune Diät ist an der Universität Göttingen wissenschaftlich erprobt worden.

Das PowerKids-Programm
von der Stiftung Kindergesundheit in München.
Entwickelt von der Universität Göttingen in Zusammenarbeit mit der Universität München und London.

Ein spielerisches Programm für übergewichtige Kinder von 8-12 Jahren zur Selbstdurchführung zu Hause. Bei über 30.000 Familien bereits erfolgreich im Einsatz. Bezug über den AOK-Verlag bzw. die Internetseite www.powerkids.de .

**Endlich frei von Diäten!
Wie Sie dem Teufelskreis der Schlankheitskuren entkommen.**
*Von Prof. Dr. Volker Pudel.
Knaur 2003*

Das spannend geschriebene Programm zum langfristigen Wohlfühlgewicht ohne Frust von Deutschlands bekanntestem Ernährungspsychologen Volker Pudel.

**Ganz schön propper.
Ratgeber für Eltern übergewichtiger Kinder.**
*Von Monika Cremer.
Umschau Buchverlag 2002*

Viele Hintergrundinfos für Eltern übergewichtiger Kinder über das, was man selbst tun kann, bis hin zu professionellen Therapieangeboten.

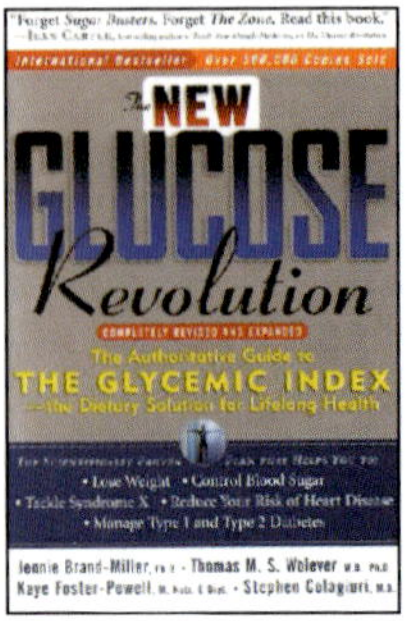

The New Glucose Revolution.
Von Jennie Brand-Miller.
Marlowe & Company, New York 2003

Die „Bibel“ für Anhänger der Theorie des *Glykämischen Index* (*GI*). Mit Tabellen der wichtigsten 800 Lebensmittel. Die Daten aus Amerika und Australien sind aber nicht 1:1 auf deutsche Lebensmittel zu übertragen.

Nutrition Facts Desk Reference.
Von Art Ulene.
Second Edition. Avery Publishing Group New York 2001

Ein umfassendes 1000seitiges Werk mit Nährwertinformationen über fast alle Lebensmittel des amerikanischen Marktes. Hier finden Sie viele Details zu Snacks wie Bagels und Muffins.

Übergewicht und Adipositas
Petermann, F. / Pudel, V. (Hrsg.)
Hogrefe-Verlag Göttingen
2003

Ein umfassendes Fachbuch zum Stand der professionellen Therapie von Übergewicht und Adipositas. Für Ärzte, Psychologen, Bewegungs- und Ernährungsfachkräfte, aber auch für interessierte Laien.

Häufige Fragen (FAQ)